Nina Wilkening

Märchen Fabeln Sagen

Kreative Textarbeit mit alten Stoffen

Verlag an der Ruhr

Impressum

Titel: **Märchen, Fabeln, Sagen**
Kreative Textarbeit mit alten Stoffen

Autorin: Nina Wilkening

Illustrationen: Magnus Siemens u.a.

Druck: Druckerei Uwe Nolte, Iserlohn

Verlag: Verlag an der Ruhr
Alexanderstraße 54 – 45472 Mülheim an der Ruhr
Postfach 10 22 51 – 45422 Mülheim an der Ruhr
Tel.: 02 08/439 54 50 – Fax: 02 08/439 54 239
E-Mail: info@verlagruhr.de
www.verlagruhr.de

© **Verlag an der Ruhr 2007**
ISBN 978-3-8346-0228-2

geeignet für die Klasse  5 6 7 8 9 10

Ein weiterer Beitrag zum Umweltschutz:

Das Papier, auf das dieser Titel gedruckt ist, hat ca. **50% Altpapieranteil,** *der Rest sind* **chlorfrei** *gebleichte Primärfasern.*

Die Schreibweise der Texte folgt der neuesten Fassung der Rechtschreibregeln – gültig ab August 2006.

Inhaltsverzeichnis

Als das Wünschen noch geholfen hat – Alles über Märchen

Adebar und Isegrim – Alles über Fabeln

Erzählungen aus alter Zeit – Alles über Sagen

Vorwort

Märchen, Fabeln und Sagen sind eine der ältesten Literaturformen und deshalb wichtige Träger kultureller Geschichte. Es gibt sie in allen Ländern der Welt, und ihre Inhalte kennt sprichwörtlich jedes Kind. Manche Erzählungen haben in ihrer Verbreitung sogar die **verschiedenen Sprach- und Kulturgrenzen** überschritten und existieren heute – mit leichten Abwandlungen – in vielen unterschiedlichen Sprachen. Im Gegensatz zu vielen Schullektüren, die meist schnell wieder vergessen werden, erinnern sich viele Erwachsene noch an die Märchen, Fabeln oder Sagen aus ihrer Kindheit. Ein Grund dafür sind v.a. die **besonderen Inhalte** dieser alten Geschichten.

Im Märchen bestehen auch scheinbar unbedeutende Menschen, wie arme Schneider oder Kinder, große Abenteuer. Die Menschen in Märchen erleben **wundersame Begegnungen** mit Riesen, Zwergen und Hexen und bestehen trotz aller Widrigkeiten am Ende erfolgreich gegen das Böse. Anders als im wirklichen Leben, geht oft derjenige, dem keiner etwas zugetraut hätte – der Jüngste, der Kleinste, das ärmste Mädchen – als Sieger über die Mächtigen hervor.

Nach Ansicht vieler Psychologen helfen deshalb Märchen Kindern dabei, sich mit **schwierigen Situationen** im Leben auseinanderzusetzen und diese zu verarbeiten. Wie der Held im Märchen müssen auch Kinder und Jugendliche oft Aufgaben bewältigen, die sie ängstigen. Märchen können ihnen **Hoffnung** machen, denn sie zeigen, dass mit Klugheit und Mut der Kleine die Großen besiegen kann.

Die literarische Tradition der **Fabeln** geht bis ins Altertum zurück. In der europäischen Antike galten sie nicht als eigene literarische Gattung, sondern als rhetorische Möglichkeit, indirekt **Kritik an den Herrschenden** zu üben. In die Geschichte einer Fabel gekleidet und aus dem Mund von Tieren gesprochen, war damit möglich, was sonst nicht erlaubt war und zu schweren Strafen geführt hätte. In der Neuzeit wurden Fabeln v.a. genutzt, um den Leser zum Nachdenken über menschliche Verhaltensweisen anzuregen und ihn nicht zuletzt zu unterhalten. Fabeln existieren, wie Märchen, in vielen Kulturkreisen und gehören bis heute zu den bekanntesten Volkserzählungen. Neben den Werken bekannter Fabeldichter, **wie Aesop, Jean de la Fontaine** und **Gotthold Ephraim Lessing,** enthalten die Arbeitsmaterialien deshalb auch die Erzählungen von Fabeldichtern aus **außereuropäischen Kulturen.**

Sagen gehören, wie Märchen und Fabeln, ebenfalls unverzichtbar zu den Erzählungen, die innerhalb einer kulturellen Gemeinschaft von Generation zu Generation weitererzählt wurden. Doch anders als bei den Märchen steckt in den Sagen oftmals ein „wahrer Kern", d.h. sie gehen auf wahre Begebenheiten zurück, deren Ursache und Ablauf sie zu erklären versuchen. Auch für Naturphänomene, die sich in alter Zeit kein Mensch erklären konnte, geben sie – wenn auch frei erfundene – Antworten. So halfen die – unbekannten – Verfasser von Sagen ihren Zeitgenossen, die z.T. unerklärliche Welt um sie herum besser zu verstehen. Neben den **Heimatsagen aus verschiedenen Regionen Deutschlands** sind in dieser Arbeitsmappe auch bekannte Sagen aus der **griechischen Mythologie** enthalten.

Mit diesen **Kopiervorlagen** lassen sich zum einem, die **Merkmale** der drei Textgattungen Märchen, Fabel und Sage auf handlungsorientierte Weise erarbeiten. Zum anderen sorgen **handlungs- und produktionsorientierte Aufgaben** dafür, dass die Inhalte der Erzählungen z.B. zum Ausgangspunkt für kreative Textproduktion, Ausdrucksschulung oder inhaltliche Diskussionen werden. Dabei können die Materialien auch für das Arbeiten an **Stationen oder für Lernzirkel** eingesetzt werden, da sie weitgehend **selbstständiges Arbeiten** ermöglichen.

Die Arbeitsblätter können zur **Differenzierung** eingesetzt werden: Je nach didaktischer Zielsetzung und Lerngruppe, eignet sich ein Teil der Kopiervorlagen für ein Lernen im Klassenverband, ein anderer Teil für eine individuelle Bearbeitung mittels Stationenarbeit bzw. Lernzirkeln. Meiner Erfahrung nach, können die traditionellen Erzählformen Märchen, Sage und Fabel auf besondere Weise nicht nur zum eigenen Schreiben anregen, sondern auch zum **Diskutieren** und zu **szenischem Spiel.** Entsprechend groß ist die Vielfalt der Aufgaben in dieser Arbeitsmappe. Durch sie lassen sich hinter scheinbar „altmodischen" Stoffen zeitlose Inhalte neu entdecken und eigene Erfahrungen einbringen. Indem sie auch zur Modernisierung der Inhalte auffordern, wird ein Stück literarische Tradition nicht nur analysiert, sondern auf kreative Weise im Unterricht fortgeführt.

Viel Spaß und guten Lernerfolg dabei wünscht
Nina Wilkening

 Märchen, Fabeln, Sagen

Was weißt du über Märchen?

„In den alten Zeiten, als das Wünschen noch geholfen hat, ...“ – so
beginnt das erste der 201 Märchen, die die Brüder Grimm gesammelt
und in ihren „Kinder- und Hausmärchen“ aufgeschrieben haben.
Es ist das Märchen „Der Froschkönig oder der eiserne Heinrich“.

Bekannte Märchen:

_____

_____

_____

_____

_____

Märchenerzähler und Märchensammler:

_____

_____

_____

_____

_____

Märchen

Merkmale eines Märchens:

_____

_____

_____

_____

_____

_____

_____

_____

Das weiß ich auch noch über Märchen:

_____

_____

_____

_____

_____

Aufgaben:

1. Fülle das Cluster alleine oder zusammen mit einem Mitschüler aus.
   Notiere dabei in den Kästchen, was du bereits über Märchen weißt.

2. Vergleicht eure Ergebnisse in der Klasse, und fertigt ein Plakat an,
   auf dem ihr euer gesamtes Märchenwissen nach dem Muster der Mind-
   map sammelt. Dieses Plakat könnt ihr im Laufe der Zeit ergänzen.

© Verlag an der Ruhr ◎ Postfach 10 22 51 ◎ 45422 Mülheim an der Ruhr ◎ www.verlagruhr.de ◎ ISBN 978-3-8346-0228-2

Woher stammen Märchen?

Märchen gibt es in vielen Ländern weltweit und in vielen **unterschiedlichen Sprachen**. Teilweise gibt es ein und dasselbe Märchen in verschiedenen Ländern und Sprachen. Über die Frage, woher Märchen stammen, haben sich auch Wissenschaftler Gedanken gemacht und in alten Texten nachgeforscht. Die Forscher kamen dabei auf verschiedene Ideen. Diese Ideen nennt man **Theorien**.

■ Welche Märchentheorien gibt es?

Eine **Theorie** besagt, dass Märchen aus einer sehr frühen Zeit stammen, in der ein Volk, das in den Wissenschaften von den Sprachen der Menschen **Indogermanen** genannt wird, noch zusammenlebte. Man nimmt an, dass das vor ca. 5 000 bis 8 000 Jahren war. Die Mitglieder dieses Volkes besaßen eine Sprache, die heute **Indogermanisch** genannt wird. Später teilte sich dieses Volk in mehrere einzelne Völker auf und siedelte sich überall auf der Welt neu an. Die Vorfahren fast aller Völker, die heute in Europa leben, sprachen Indogermanisch. Anhänger dieser Theorie nehmen an, dass die Märchen aus der Zeit stammen, in der die Indogermanen noch zusammenlebten, und dass sie von einer Generation zur anderen weitererzählt wurden. Das würde eine Erklärung dafür liefern, warum es Märchen gibt, die man in vielen Ländern kennt, die zum Teil weit auseinanderliegen.

Um das Jahr 1859 ging man davon aus, dass die Märchen in Indien entstanden sind, über die Jahrhunderte weitererzählt wurden und so nach Europa kamen. Die **indische Theorie** galt lange Zeit als richtig. Dann aber tauchten sehr alte ägyptische und griechische Schriften auf, die einige Merkmale von Märchen enthielten. Trotzdem geht man auch heute noch davon aus, dass viele Märchen in Indien entstanden sind.

In Finnland bildete sich Anfang des 20. Jahrhunderts eine Gruppe von Wissenschaftlern um **Antti Aarne**, einem Spezialisten für Sprachen und mündlich überlieferte Geschichten. Dieser Zusammenschluss von Forschern nannte sich **Finnische Schule**. Antti Aarne stellte fest, dass viele Märchen in verschiedenen Ländern ähnlich erzählt werden. Die Forscher versuchten, die **Grundform jedes Märchens** (einen so genannten „Urtyp") ausfindig zu machen. Diese Grundform sollte die Teile des jeweiligen Märchens zusammenfassen, die in allen Ländern gleich sind.

Anhänger einer weiteren Theorie glauben, dass die Personen in den Märchen Naturerscheinungen, wie Sonne und Mond, darstellen.

■ Worin sind sich die Forscher heute einig?

Bis heute ist es nicht gelungen, eine bestimmte Theorie als die einzig richtige zu bestimmen. Einig sind sich die Forscher lediglich darin, dass das Wort Märchen von dem alten Wort „Märe" stammt, das eine kurze Geschichte mit erfundenem Inhalt bezeichnet.

Aufgaben:

1. Warum ist es so schwierig, den tatsächlichen Ursprung der Märchen herauszufinden?

2. Nenne eine Märchentheorie, und stelle dar, welchen Ursprung sie für das Märchen annimmt.

3. Erläutere, was du über die Verbreitung von Märchen weißt.

4. Woher kommt das Wort Märchen und welche Bedeutung hat es?

© Verlag an der Ruhr ● Postfach 10 22 51 ● 45422 Mülheim an der Ruhr ● www.verlagruhr.de ● ISBN 978-3-8346-0228-2

Wir bauen ein Märchen

Vielleicht ist dir schon einmal aufgefallen, dass Märchen ähnlich aufgebaut sind und bestimmte **Merkmale** besitzen, die sie von anderen Erzählungen unterscheiden. Mit den Informationen aus dem Märchenhaus kannst du selbst ein Märchen verfassen. Sie sind wie Bausteine – du musst sie nur kennen und richtig zusammensetzen.

- Hexenhaus
- Schloss
- Geld regnet vom Himmel
- eine verlorene Kugel wiederfinden
- Rapunzel, lass dein Haar herunter.
- die Großmutter besuchen
- Es war einmal …
- Prinz
- uralt – blutjung
- Fee
- aus Frosch wird Prinz
- Und wenn sie nicht gestorben sind …
- Hexe
- Zwerge
- Wald
- Stroh zu Gold spinnen
- schlau – dumm
- böse – gut
- armes Mädchen
- Wolf

Aufgaben:

1. Schreibe die Wörter und Sätze oben in den richtigen Kasten im Märchenhaus.

2. Denke an Märchen, die du kennst, und nenne weitere Beispiele von Märchenmerkmalen.

Personen:

_____

_____

_____

Personen sind Helden, Helfer oder Bösewichte

Sprüche:

_____

_____

_____

Aufgaben und Probleme:

_____

_____

_____

Gegensätze:

_____ _____

_____ _____

_____ _____

Wunder:

_____

_____

_____

Märchenorte:

_____

_____

_____

© Verlag an der Ruhr ● Postfach 10 22 51 ● 45422 Mülheim an der Ruhr ● www.verlagruhr.de ● ISBN 978-3-8346-0228-2

Die Schlickerlinge

Es war einmal ein Mädchen, das war schön, aber faul und nachlässig. Wenn es spinnen sollte, so war es so verdrießlich, sodass, wenn ein kleiner Knoten im Flachs war, es gleich einen ganzen Haufen mit herausriss und neben sich zur Erde schlickerte. Nun hatte es ein Dienstmädchen, das war arbeitsam und suchte den weggeworfenen Flachs zusammen, reinigte ihn, spann ihn fein und ließ sich ein hübsches Kleid daraus weben. Ein junger Mann hatte um das faule Mädchen geworben. Und die Hochzeit sollte gehalten werden. Auf dem Polterabend tanzte das fleißige in seinem schönen Kleide lustig herum, da sprach die Braut: „Ach, wat kann dat Mäken springen, in minen Slickerlingen!" Das hörte der Bräutigam und fragte die Braut, was sie damit sagen wollte. Da erzählte sie ihm, dass das Mädchen ein Kleid von dem Flachs trüge, den sie weggeworfen hätte. Wie der Bräutigam das hörte und ihre Faulheit bemerkte und den Fleiß des armen Mädchens, so ließ er sie stehen, ging zu jener und wählte sie zur Frau.

(Kinder- und Hausmärchen gesammelt durch die Brüder Grimm in drei Bänden. Marburg, 1984. Bd. 3, S. 78f.)

!

● **Flachs:** Flachs ist eine der ältesten Pflanzen, die zur Herstellung von Stoffen genutzt werden. Aus den ca. 50 cm langen Fasern im Inneren des Pflanzenstängels wird Leinstoff (auch Leinen genannt) hergestellt. Beim Spinnen von Flachs wird aus den Fasern Garn. Als es noch keine Baumwolle in Europa gab, waren die meisten Kleidungsstücke aus Leinen.

Spinnrad mit Flachsfasern

Aufgaben:

1. Beurteile die Reaktion des Bräutigams. Wie hättest du an seiner Stelle reagiert?

2. Unterstreiche die Märchenmerkmale in dem Text mit verschiedenen Farben, und schreibe sie in dein Heft. Unterstreiche die Merkmale folgendermaßen:
   Personen: rot; **Aufgaben und Probleme:** gelb;
   Sprüche: blau; **Orte:** grün; **Zahlen:** schwarz;
   Gegensätze: braun; **Wunder:** Tinte.
   Achtung: **Nicht in jedem Märchen treten alle Merkmale auf!**

3. Im Märchen taucht eine sprachliche Besonderheit auf. Nenne sie, und erläutere, was sie wahrscheinlich über die Entstehung des Märchens aussagt.

© Verlag an der Ruhr ● Postfach 10 22 51 ● 45422 Mülheim an der Ruhr ● www.verlagruhr.de ● ISBN 978-3-8346-0228-2

Der süße Brei

Es war einmal ein armes frommes Mädchen, das lebte mit seiner Mutter allein, und sie hatten nichts mehr zu essen. Da ging das Kind hinaus in den Wald, und begegnete ihm da eine alte Frau, die wusste seinen Jammer schon und schenkte ihm ein Töpfchen, zu dem sollt' es sagen: „Töpfchen, koche!", so kochte es guten süßen Hirsebrei, und wenn es sagte: „Töpfchen, steh!", so hörte es wieder auf zu kochen. Das Mädchen brachte den Topf seiner Mutter heim, und nun waren sie ihrer Armut und ihres Hungers ledig und aßen süßen Brei, sooft sie wollten. Auf eine Zeit war das Mädchen ausgegangen, da sprach die Mutter: „Töpfchen, koche!", da kochte es, und sie aß sich satt; nun wollte sie, dass das Töpfchen wieder aufhören sollte, aber sie wusste das Wort nicht. Also kochte es fort, und der Brei stieg über den Rand hinaus und kochte immer zu, die Küche und das ganze Haus voll, und das zweite Haus und dann die Straße, als wollt's die ganze Welt satt machen, und es war die größte Not, und kein Mensch wusste sich zu helfen. Endlich, wie nur noch ein einziges Haus übrig war, da kam das Kind heim und sprach nur: „Töpfchen, steh!", da stand es und hörte auf zu kochen; und wer wieder in die Stadt wollte, der musste sich durchessen.

(Informationen aus: Kinder- und Hausmärchen gesammelt durch die Brüder Grimm in drei Bänden. Marburg, 1984. Bd. 2, S. 203f.)

Aufgaben:

4. Der Anfang beider Märchen ist typisch für diese Art von Erzählungen. Rahme ihn bei beiden Texten ein. Fällt dir auch ein Schlusssatz ein, der typisch für Märchen ist?

5. Unterstreiche die Märchenmerkmale im Text mit verschiedenen Farben und schreibe sie in dein Heft. Unterstreiche die Merkmale folgendermaßen:
Personen: rot; **Aufgaben und Probleme:** gelb;
Sprüche: blau; **Märchenorte:** grün;
Zahlen: schwarz; **Gegensätze:** braun;
Wunder: Tinte.
Achtung: **Nicht in jedem Märchen treten alle Merkmale auf!**

6. Stelle dir vor: Das Mädchen erhält von der alten Frau im Wald keinen Topf, sondern etwas anderes, das dafür sorgt, dass die Familie keinen Hunger mehr leiden muss. Denke dir selbst etwas aus, und schreibe das Märchen um.

Märchensprüche zuordnen

Ein Merkmal vieler Märchen sind **Sprüche**, d.h. die Figuren in den Märchen äußern bestimmte Sätze, die eine besondere Bedeutung für die Geschichte haben. Viele Menschen kennen heute diese Sprüche, obwohl ihnen das dazugehörige Märchen unbekannt ist.

„Ach, ich arme Jungfer zart, …"

„Die guten ins Töpfchen, …"

„Ach, wie gut, dass niemand weiß, …"

„Was rumpelt und pumpelt …"

♛ Aschenputtel

„… in meinem Bauch herum?"

„… unsere goldne Jungfrau ist wieder hie."

♛ König Drosselbart

„… dass ich Rumpelstilzchen heiß."

♛ Schneewittchen

„Meine Frau, die Ilsebill, …"

„Spieglein, Spieglein an der Wand, …"

„… wer ist die Schönste im ganzen Land?"

♛ Der Wolf und die sieben Geißlein

♛ Rumpelstilzchen

„… hätt ich doch genommen den König Drosselbart."

„… die schlechten ins Kröpfchen."

„… wer knuspert an meinem Häuschen?"

♛ Frau Holle

„Knusper, knusper Knäuschen, …"

„Kikeriki, …"

♛ Hänsel und Gretel

„… will nicht so, wie ich gern will."

Aufgaben:

1. Jeweils zwei Teile eines Märchenspruches (in den Sprechblasen) und ein Märchentitel gehören zusammen. Füge sie zusammen, und schreibe sie auf.

2. Was haben viele der oben genannten Märchensprüche gemeinsam? Kennst du noch weitere Märchensprüche?

© Verlag an der Ruhr ● Postfach 10 22 51 ● 45422 Mülheim an der Ruhr ● www.verlagruhr.de ● ISBN 978-3-8346-0228-2

Märchen • Fabeln • Sagen

Märchensuchsel

R	P	Z	G	I	S	O	L	S	Z	I	A	T	R	W	R	K	E	H	T
R	R	A	S	C	H	E	N	P	U	T	T	E	L	D	T	N	F	A	G
H	F	K	O	P	F	K	I	S	S	E	N	G	T	S	G	U	A	E	S
I	U	W	R	R	T	R	U	R	T	T	H	D	E	C	S	S	B	N	A
O	G	E	F	R	A	U	H	O	L	L	E	S	J	H	G	P	H	S	H
R	**O**	**T**	**K**	**A**	**E**	**P**	**P**	**C**	**H**	**E**	**N**	A	G	N	H	E	R	E	U
G	L	H	G	O	L	D	T	A	L	E	R	S	A	E	U	R	S	L	N
W	D	K	S	H	H	W	R	A	E	T	G	E	N	E	I	H	A	U	D
M	E	I	O	J	J	Z	S	P	I	E	G	E	L	W	R	A	R	N	W
I	N	O	A	M	K	U	T	S	C	H	E	T	G	I	S	E	J	D	S
L	E	L	S	I	O	S	E	T	R	F	E	J	H	T	D	U	U	G	A
U	U	T	U	K	L	D	R	H	S	S	S	I	U	T	F	S	F	R	H
A	P	N	I	S	P	I	N	D	E	L	F	T	R	C	G	C	B	E	U
T	S	U	W	W	E	U	T	J	F	A	G	F	F	H	H	H	I	T	I
C	E	D	E	S	F	I	A	E	E	K	G	B	B	E	J	E	T	E	H
H	Z	T	J	F	S	F	L	R	Z	O	S	F	K	N	I	N	S	L	D
U	E	S	T	Z	Z	E	E	S	A	R	A	I	I	A	O	R	A	E	A
L	F	I	H	I	U	A	R	W	S	B	E	O	D	A	L	T	I	R	B
E	B	D	O	R	N	R	O	E	S	C	H	E	N	F	A	S	K	S	T
N	N	L	R	Z	F	T	F	G	A	G	G	A	I	U	A	A	T	A	D

Aufgaben: In diesem Kasten haben sich 7 Märchenfiguren senkrecht und waagrecht mit jeweils einem Gegenstand, der in ihrem Märchen vorkommt, versteckt. Suche sie, und fülle die Tabelle aus.

Märchenfigur	Gegenstand aus dem Märchen

© Verlag an der Ruhr © Postfach 10 22 51 © 45422 Mülheim an der Ruhr © www.verlagruhr.de © ISBN 978-3-8346-0228-2

  Märchen · Fabeln · Sagen

Märchenmix

In diesem Märchenbuch sind die Märchentitel durcheinandergeraten.

Die Bremer und die sieben Geißlein

Der König und die Stadtmusikanten

Hans Eisenherz

Der Wolf im Glück

Schneeweißchen und Drosselbart

Der Fischer auf der Erbse

Prinz Rosenrot

Die Prinzessin und die Frau

Aufgaben:

1. Schreibe die richtigen Märchentitel auf die zweite Seite des Märchenbuches.

2. Mixe selbst mit folgenden Märchentiteln:
   Schneewittchen und die sieben Zwerge, Hänsel und Gretel, Brüderchen und Schwesterchen, Jorinde und Joringel.

3. Welche Märchen wurden in der Zeichnung rechts durcheinandergemixt? Zeichne selbst eine Märchenfigur, die äußerliche Merkmale einer anderen Märchengestalt aufweist.

4. Wähle einen der falschen Märchentitel von oben aus, und schreibe ein Märchen dazu. Verwende dabei den typischen Märchenanfang.

© Verlag an der Ruhr ● Postfach 10 22 51 ● 45422 Mülheim an der Ruhr ● www.verlagruhr.de ● ISBN 978-3-8346-0228-2

Falsche Märchen

Hier ist einiges durcheinandergeraten. Es sind falsche Märchen entstanden, d.h. Märchen, deren Figuren nicht zueinanderpassen.

Held	Bösewicht	Aufgabe/Problem	Ort
Prinzessin	Tierbesitzer	100-jähriger Schlaf	Wald
zwei Kinder	Wolf	vor der Stiefmutter flüchten	Bremen
Mädchen	dreizehnte Fee	von den Eltern ausgesetzt werden	Zwergenhaus
Prinzessin	Stiefmutter	Krankenbesuch bei der Großmutter	Schloss
Tiere	Hexe	sich vor dem Schlachten retten	Hexenhaus

Held	Bösewicht	Aufgabe/Problem	Ort

Aufgaben:

1. Ordne die Märchen wieder richtig, und nenne die Märchentitel dazu.

2. Teilt euch in Gruppen auf, und schreibt anhand der Begriffe aus der oberen Tabelle ein falsches Märchen.

3. Lest euer Ergebnis euren Mitschülern vor. Sie sollen genau aufpassen, welche Teile aus den einzelnen Märchen ihr verwendet habt, und sie anschließend nennen.

© Verlag an der Ruhr ● Postfach 10 22 51 ● 45422 Mülheim an der Ruhr ● www.verlagruhr.de ● ISBN 978-3-8346-0228-2

Das uralte Märchenbuch

Hier siehst du die Anfänge bekannter Märchen. Leider sind sie schon sehr alt und voller Tintenflecken, sodass man nicht mehr alles lesen kann.

Der _____

Eines Tages saß die schöne _____ am Brunnen und spielte mit ihrer

goldenen _____. Wie sie so spielte, geschah es, dass die Kugel in den

tiefen Brunnen fiel. Die Prinzessin war sehr traurig, denn sie konnte nicht _____

_____. Sie saß am Rande des Brunnens und fing fürchterlich an, zu

_____. Auf einmal hörte sie ein _____ direkt

neben sich. Sie drehte sich um, und dort saß ein _____ Frosch …

Wieder ging der _____ zum Haus der _____, klopfte

an die Tür und rief: „Kinderlein, macht nur auf, eure liebe Mutter ist wieder zu Hause."

Weil der Wolf seine Stimme verstellte, erkannten die Geißlein ihn nicht und öffneten.

Sofort _____ der Wolf ins Haus und _____ ein Geißlein

nach dem anderen. Nur das jüngste Geißlein fand er nicht, es hatte sich versteckt im

_____. …

„Frau Königin, ihr seid die Schönste hier, aber _____ hinter den sieben

Bergen bei den _____ ist tausendmal schöner als ihr." Da wurde die

Königin böse und befahl dem _____, er solle ihre Stieftochter töten.

Der _____ zog in den Wald, aber er konnte diese Aufgabe nicht erledigen.

Er kehrte zur Königin zurück und brachte ihr _____. Die Königin war

_____. Sie stellte sich wieder vor den Spiegel und sprach: …

Aufgaben:

1. Fülle die Lücken aus. Um welche bekannten Märchen handelt es sich?

2. Vergleiche deine Lösungen mit denen deines Partners. Wo konntet ihr zwischen verschiedenen Möglichkeiten wählen, wo nicht?

3. Wählt ein Märchen aus, und erzählt es eurem Partner zu Ende.

© Verlag an der Ruhr ● Postfach 10 22 51 ● 45422 Mülheim an der Ruhr ● www.verlagruhr.de ● ISBN 978-3-8346-0228-2

 Märchen · Fabeln · Sagen

Das Mädchen mit den Schwefelhölzern*

Sie strich wieder ein Schwefelholz gegen die Mauer, und im Glanze desselben stand nun die alte Großmutter, hell beleuchtet, mild und freundlich, da. „Großmutter!", rief die Kleine, „Oh, nimm mich mit dir! Ich weiß, dass du verschwindest, sobald das Schwefelholz ausgeht." Schnell strich sie den ganzen Rest der Schwefelhölzer an, und sie verbreiteten einen solchen Glanz, dass es heller war als am lichten Tag. So schön, so groß war die Großmutter nie gewesen; sie nahm das kleine Mädchen auf ihren Arm, und hoch schwebten sie empor in Glanz und Freude; Kälte, Hunger und Angst wichen von ihm.

Sie zündete ein drittes an. Da saß sie unter dem herrlichsten Weihnachtsbaum; Tausende von Lichtern brannten auf den grünen Zweigen. Das Mädchen streckte beide Hände nach ihnen in die Höhe – da erlosch das Schwefelholz. Die vielen Weihnachtslichter stiegen höher und höher, und sie sah jetzt erst, dass es die hellen Sterne waren. Einer von ihnen fiel herab und zog einen langen Feuerstreifen über den Himmel.

„Jetzt stirbt jemand!", sagte die Kleine, denn die alte Großmutter, die jetzt längst tot war, hatte gesagt: „Wenn ein Stern fällt, steigt eine Seele zu Gott empor!" Ein zweites wurde angestrichen. Es brannte, und an der Stelle der Mauer, auf welche der Schein fiel, wurde sie durchsichtig wie ein Flor. Die Kleine sah gerade in die Stube hinein, wo der Tisch, mit einem blendend weißen Tischtuch und feinem Porzellan gedeckt, stand, und köstlich dampfte die gebratene Gans darauf. Da erlosch das Schwefelholz, und nur die dicke kalte Mauer war zu sehen.

Es war der letzte Abend im Jahre, Silvesterabend, und entsetzlich kalt. In der Kälte und Finsternis ging auf der Straße ein kleines armes Mädchen mit bloßen Kopfe und nackten Füßen. In seiner alten Schürze trug es eine Menge Schwefelhölzer, und ein Bund hielt sie in der Hand. Während des ganzen Tages hatte ihr niemand etwas abgekauft, niemand ein Almosen gereicht. Aus allen Fenstern strahlte heller Lichterglanz. Es war ja Silvesterabend, und dieser Gedanke erfüllte alle Sinne des kleinen Mädchens.

In einem Winkel zwischen zwei Häusern kauerte es sich nieder. Ach, wie gut musste ein Schwefelhölzchen tun! Endlich zog das Kind eins heraus. Ritsch! wie sprühte es, wie brannte es. Es war ein merkwürdiges Licht; es kam dem kleinen Mädchen vor, als säße es vor einem großen eisernen Ofen mit Messingverzierungen. Das Feuer brannte so schön und wärmte so wohltuend! Das Mädchen streckte schon die Füße aus, um auch diese zu wärmen – da erlosch die Flamme.

*Schwefelhölzer: Streichhölzer

Aufgaben:

1. Schneide die Streifen aus, und klebe sie richtig aneinander, sodass ein Märchen entsteht.

2. Finde eine Erklärung dafür, warum das Mädchen beim Anzünden der Streichhölzer so wundersame Dinge sieht.

3. Das Ende des Märchens fehlt. Was ist mit dem Mädchen passiert? Schreibe einen passenden Schluss.

© Verlag an der Ruhr © Postfach 10 22 51 © 45422 Mülheim an der Ruhr © www.verlagruhr.de © ISBN 978-3-8346-0228-2

Hier sind gleich zwei Märchen durcheinandergeraten.
Die Brautschau und das Rätselmärchen.

„So du heute Vormittag kommst und mich abbrichst, werde ich erlöst und fürder bei dir bleiben", als dann auch geschah.

Da sprach sie auf eine Zeit zu ihrem Mann, als sich der Tag nahte, und sie wiederum zu ihren Gespielen auf das Feld gehen und eine Blume werden musste:

Da fragte er seine Mutter um Rat, die sprach: „Lad alle drei ein und setz ihnen Käs vor und hab acht, wie sie ihn anschneiden."

Drei Frauen waren verwandelt in Blumen, die auf dem Felde standen, doch deren eine durfte des Nachts in ihrem Hause sein.

Antwort: „Derweil sie die Nacht in ihrem Haus und nicht auf dem Feld war, fiel der Tau nicht auf sie als auf die andern zwei, dabei sie der Mann erkannte."

Es war einmal ein junger Hirte, der wollte gerne heiraten und kannte drei Schwestern, davon war eine so schön wie die andere, dass ihm die Wahl schwer wurde, und er sich nicht entschließen konnte, einer davon den Vorzug zu geben.

Nun ist die Frage, wie sie ihr Mann erkannt habe, so die Blumen ganz gleich und ohne Unterschied waren.

Das tat der Jüngling, die Erste verschlang den Käse mit der Rinde; die Zweite schnitt in der Hast die Rinde vom Käse ab, weil sie aber so hastig war, ließ sie noch viel Gutes daran und warf das mit weg;

Die Dritte schälte ordentlich die Rinde ab, nicht zu viel und nicht zu wenig. Der Hirte erzählte alles seiner Mutter, da sprach sie: „Nimm die dritte zu deiner Frau." Das tat er und lebte zufrieden und glücklich mit ihr.

(Kinder- und Hausmärchen gesammelt durch die Brüder Grimm in drei Bänden.
Marburg, 1984. Bd.2, S.86 und Bd.3, S.78)

Aufgaben:

1. Schneide die Streifen aus, und klebe sie richtig aneinander, sodass zwei Märchen entstehen.

2. Zu dem Märchen Brautschau: Erkläre, warum der Hirte sich schließlich für die Dritte entscheidet. Erläutere, ob du so ein Vorgehen heute noch für sinnvoll hältst.

© Verlag an der Ruhr ● Postfach 10 22 51 ● 45422 Mülheim an der Ruhr ● www.verlagruhr.de ● ISBN 978-3-8346-0228-2

Reizwortmärchen

Um ein Märchen schreiben zu können, brauchst du die richtigen
„Zutaten": **einen Märchentitel, Sprüche, einen passenden Ort oder
mehrere, Aufgaben, Gegensätze, Zahlen, Helden und Bösewichte.**
Der Kasten unten enthält solche „Märchenzutaten".

„Büchlein, Büchlein, sag geschwind, wo ich den richtigen
Zauberspruch find."

einen Schlüssel finden

dreizehn

sieben

bärenstark und schwach

Schokokekshäuschen

die böse Stiefmutter

ein mutiger Knabe

ein trauriger König

hässlich und wunderschön

der böse Wolf

ein kleines Mädchen

Der Wolf und die sieben Häschen

„Hopp, mein Pferdchen, lauf geschwind,
dass ich die Prinzessin find."

Großriesenland

der alte, gemeine Bergwächter

steinalt und blutjung

die grausame Hexe

Grünkäppchen

drei

riesig und winzig

der jüngste Bruder

Von einem, der auszog,
das Lachen zu lernen

„Dreh den Ring an deiner Hand,
und du hast ein fein' Gewand."

eine Prinzessin befreien

ein Rätsel erraten

grausam und gütig

ein böses Ungeheuer töten

Die Schatzkiste

Zwergenland

Das Geheimnis im Berg

Schloss Wolkenstein

Aufgaben:

1. Unterstreiche in der gleichen Farbe, was zusammengehört:
   Märchentitel (Tinte), Sprüche (blau), Märchenorte (grün), Aufgaben
   (gelb), Gegensätze (braun), Zahlen (schwarz), Personen (rot).

2. Suche dir von jeder Farbe mindestens ein Wort bzw. einen Satz
   aus, und verwende deine Auswahl als Sammlung von Reizwörtern
   für ein eigenes Märchen. Achtung: Alle diese Reizwörter müssen
   in deinem Märchen vorkommen!

3. Lies das Märchen deinen Mitschülern vor. Finden sie heraus,
   welche Reizwörter du in dein Märchen eingebaut hast?

© Verlag an der Ruhr ● Postfach 10 22 51 ● 45422 Mülheim an der Ruhr ● www.verlagruhr.de ● ISBN 978-3-8346-0228-2

Ein eigenes Märchen schreiben

Titel:

_____

_____

Held: _____

Bösewicht: _____

Helfer: _____

Sonstige Personen: _____

Wunder:

_____

_____

_____

_____

_____

Gegensätze:

_____

_____

_____

_____

_____

Aufgaben und Probleme:

_____

_____

_____

_____

_____

Sprüche:

_____

_____

_____

_____

_____

_____

_____

_____

Zahlen:

_____

_____

_____

Märchenorte:

_____

_____

_____

!

Achte auf Folgendes:

- Der Held gewinnt (Happy End).
- Im Märchen ist alles möglich.
- Menschen, Tiere und andere Märchengestalten leben ganz normal nebeneinander, d.h. sie können z.B. miteinander sprechen.
- Verwende den typischen Märchenanfang.

Aufgaben:

1. Fülle das Märchenhaus aus.

2. Schreibe nun ein eigenes Märchen, indem du die Begriffe aus dem Märchenhaus verwendest.

© Verlag an der Ruhr ® Postfach 10 22 51 ® 45422 Mülheim an der Ruhr ® www.verlagruhr.de ® ISBN 978-3-8346-0228-2

  Märchen · Fabeln · Sagen

Von Beruf Märchensammler: Die Brüder Grimm

Jacob (1785–1863) und **Wilhelm** (1786-1859) Grimm wurden in Hanau als Söhne des Juristen Phillip Wilhelm Grimm und seiner Frau Dorothea geboren. Sie wuchsen in Steinau und Kassel auf und studierten Jura (Rechtswissenschaften) in Marburg. Jacob wurde 1808 Bibliothekar der Privatbibliothek des Königs von Westfalen, Jerome Bonaparte. Seine Stelle erlaubte es ihm, während seiner Dienstzeit viele Bücher zu lesen. Auch Wilhelm wurde schließlich Bibliothekar an der Universität in Göttingen. Die beiden Brüder interessierten sich sehr für alte Schriften und Erzählungen sowie für das Deutsch, das man im **Mittelalter** gesprochen hatte.

Bereits im Jahre 1805 hatten die Brüder Grimm zur Veröffentlichung des Buches „Des Knaben Wunderhorn" von Clemens von Brentano und Achim von Arnim beigetragen, das viele deutsche Volkslieder enthielt und ein großer Erfolg wurde. Von Brentano und von Arnim planten als Nächstes ein Buch, das **Märchen aus ganz Deutschland** enthalten sollte. Die Brüder Grimm sollten ihnen dabei helfen, indem sie die Märchen sammelten. Da es damals die meisten Märchen nur als mündlich überlieferte Geschichten, aber nicht als geschriebenen Text gab,

bedeutete dies, dass die beiden Brüder sich Märchen erzählen lassen und diese aufschreiben mussten. Ihre Vorgehensweise war dabei eine ganz andere als die von Brentano: Der Dichter schrieb sich nur **Stichworte als Gerüst** für die Märchen auf, später wollte er sie dann besonders kunstvoll selbst niederschreiben. Die Brüder Grimm jedoch bemühten sich, die Märchen möglichst in der Art aufzuschreiben, wie sie ihnen erzählt wurden. Im Oktober 1810 schickte Jacob Grimm die gesammelten Texte an Brentano. Im Jahr 1924 tauchten sie im Kloster Ölberg im Elsaß (Frankreich) wieder auf. Anhand dieser Texte können Forscher heute nachvollziehen, wie sich die Märchen seitdem verändert haben.

Während Brentano seine Märchen nie veröffentlichte, konnten die Brüder Grimm mit Hilfe von Achim von Arnim 1812 ein Buch mit „Kinder- und Hausmärchen" veröffentlichen. Ein zweiter Band folgte zwei Jahre später. Die Märchen der Brüder Grimm waren nicht von Anfang an begehrt. Doch ein kleiner Band der **„Kinder- und Hausmärchen"**, der 1825 erschien, wurde schließlich zu einem großen Erfolg für die Brüder. Heute sind die Grimmschen Märchen, neben der Bibel, eines der **meistgelesenen Bücher der Welt**.

Aufgaben:

1. Fasse in Stichpunkten die wichtigsten Informationen aus dem obigen Text zusammen. Halte ein kurzes Referat vor deinem Partner zum Thema: Die Brüder Grimm und ihre Märchensammlung. Dein Partner kontrolliert, ob du alle wesentlichen Informationen genannt hast.

2. Noch heute gibt es Märchenforscher, d.h. Wissenschaftler, die untersuchen, woher Märchen stammen und wie sie sich entwickelt haben. Stelle Vermutungen darüber auf, warum sie sich heute noch so sehr für Märchen interessieren.

Denkmal für die Brüder Grimm in Hanau

Märchen erzählen (1/2)

Als es noch kein Radio und kein Fernsehen gab und nur wenige Leute lesen und schreiben konnten, verbreiteten Märchen sich, indem sie von einem zum anderen **erzählt** wurden. Diese Art der Verbreitung von Geschichten nennt man **mündliche Überlieferung**. Oft waren es die Großmütter und Kindermädchen, die den Kindern Märchen und andere wundersame Geschichten erzählten.

Eine dieser Frauen war **Dorothea Viehmann**. Sie wurde 1755 als Tochter eines Gastwirtes in der Nähe von Kassel geboren. Von den Kaufleuten und Handwerksburschen, die auf ihrer Reise Rast in der Wirtschaft „Zum Birkenbaum" machten, hörte sie viele Geschichten, darunter auch Märchen. Im Jahr 1777 heiratete sie den Schneider Nikolaus Viehmann und zog mit ihm 1787 in das Dorf Zwehren, das vor den Toren Kassels lag. Im Jahr 1813 lernte sie **die Brüder Grimm** kennen, die auf der Suche nach Märchen aus alter Zeit waren. Ihnen erzählte sie über 40 Märchen. Viele davon stammten auch aus **Frankreich**, denn von dort stammten Dorotheas Vorfahren. Sie beeindruckte die Wissenschaftler, denn sie kannte nicht nur viele Märchen, sondern konnte die Geschichten in immer **gleichem Wortlaut** erzählen. Dorothea Viehmann starb am 17.11.1815.

Dorothea Viehmann

Auch von anderen Menschen erfuhren die Brüder Grimm Märchen. Viele von ihnen waren von adeliger Herkunft und sehr gebildet, weshalb sie auch französische Märchen kannten und den Brüdern erzählten. Das führte dazu, dass die Brüder auch einige Märchen des französischen Märchendichters **Charles Perrault** in ihre Sammlung mitaufnahmen.

Aufgaben:

1. Erkläre, warum Dorothea Viehmann so viele Märchen kannte.

2. Die Brüder Grimm nannten ihre Märchensammlung absichtlich nicht „*Deutsche* Kinder- und Hausmärchen." Erkläre, weshalb.

3. Setzt euch in Kleingruppen zusammen, und erzählt euch eigene Märchen. Die Märchenkarten auf der folgenden Seite helfen euch dabei: Schneidet die Karten aus, und verteilt sie gleichmäßig unter euch. Einer beginnt ein Märchen zu erzählen. Nach frühestens drei Minuten darf ein anderer die Handlung abwandeln, indem er eine seiner Märchenkarten in die Mitte legt und so weitererzählt, dass die Geschichte zu seiner Karte passt. Achtung: Jeder Erzähler bekommt mindestens drei Minuten Erzählzeit, in der er nicht unterbrochen werden darf! Es müssen nicht alle Karten gebraucht werden. Ihr könnt auch eigene Karten zeichnen (s. Vorlage) und dazulegen!

© Verlag an der Ruhr ® Postfach 10 22 51 ® 45422 Mülheim an der Ruhr ® www.verlagruhr.de ® ISBN 978-3-8346-0228-2

© Verlag an der Ruhr ® Postfach 10 22 51 ® 45422 Mülheim an der Ruhr ® www.verlagruhr.de ® ISBN 978-3-8346-0228-2

Vorläufer und Original

Die Brüder Grimm sammelten nicht nur **mündlich überlieferte Märchen**. Manche Geschichten entnahmen sie alten Büchern und schrieben sie um. Eine Gegenüberstellung der Originaltexte mit den Texten der Grimms zeigt, dass die Märchenforscher die alten Geschichten auch verändert haben.

Rätsel und Fragen (herausgegeben von Wilhelm Wackernagel)

Item drey frawen worden verwandelt in blumen auff dem feldt sten. doch der ayne mocht des nachts in irem hauss sein. sprach auff ain zeyt zu irem man als sich der tag nahet widerumb zu iren gespilen auff das feld kommen vnd ain blum werden musst. so du heut vor mittag kumbst vnd mich ab brichst wirdt ich erlöst vnd fürhin bey dir bleiben. als dann also geschah. nun ist die frag wie sy ir man gekent hab. so die blumen gantz gleich vnd an im selbs kain vnderschaydt was. Antwurt. die weil sy die nacht in irem hauss vnd nit auff dem feldt was fiel der taw nit auff sy als auff die andern zwo. do bey sy der man kant.

Worterläuterungen zum frühneuhochdeutschen Text: y = i; vnd = und; w= u

Rätselmärchen (herausgegeben von den Brüdern Grimm)

Drei Frauen waren verwandelt in Blumen, die auf dem Felde standen, doch deren eine durfte des Nachts in ihrem Hause sein. Da sprach sie auf eine Zeit zu ihrem Mann, als sich der Tag nahte und sie wiederum zu ihren Gespielen auf das Feld gehen und eine Blume werden musste: „So du heute Vormittag kommst und mich abbrichst, werde ich erlöst und fürder bei dir bleiben"; als dann auch geschah. Nun ist die Frage, wie sie ihr Mann erkannt habe, so die Blumen ganz gleich und ohne Unterschied waren. Antwort: „Derweil sie die Nacht in ihrem Haus und nicht auf dem Feld war, fiel der Tau nicht auf sie, als auf die andern zwei, dabei sie der Mann erkannte."

(Rölleke, Heinz. Grimms Märchen und ihre Quellen. Die literarischen Vorlagen der Grimmschen Märchen synoptisch vorgestellt und kommentiert. Trier 1998, S. 271f.)

Aufgaben:

1. Lies zuerst die Geschichte von Wilhelm Wackernagel. Was hast du verstanden?

2. Lies nun das Rätselmärchen der Brüder Grimm. Was haben die Brüder Grimm verändert?

3. Das Märchen in der rechten Fassung klingt für uns heute immer noch etwas altmodisch. Schreibe das Märchen so um, dass es unserer Sprache heute entspricht.

© Verlag an der Ruhr ● Postfach 10 22 51 ● 45422 Mülheim an der Ruhr ● www.verlagruhr.de ● ISBN 978-3-8346-0228-2

Erste und zweite Fassung:
Der Wolf und die sieben Geißlein

Nach 1825 wurden die „Kinder- und Hausmärchen" ein großer Erfolg, sodass immer wieder neue Bücher gedruckt werden mussten. Währenddessen haben die Brüder Grimm ihre Märchen auch verändert.
Die für die Märchen typische Sprache (der so genannte „Märchenton") entwickelte sich dadurch erst nach und nach.

4. Auflage	5. Auflage
Bald darauf kam die Mutter nach Haus. (…) „Ach", rief sie, „der Wolf ist da gewesen und hat meine lieben Kinder gefressen, meine sieben Geiserchen sind todt!" (…) Endlich kam ihr ein guter Einfall (…) Nun giengen sie beide hinaus, und fanden den Wolf, wie er in tiefem Schlafe auf der Wiese lag. „Da liegt das Ungethüm und schnarcht", sagte die Mutter und betrachtete ihn von allen Seiten.	Nicht lange hernach kam die alte Geis aus dem Wald wieder heim (…). Sie suchte ihre Kinder, aber nirgends waren sie zu finden. Sie rief sie nacheinander bei Namen, aber keins gab Antwort (…). Endlich gieng sie in ihrem Jammer hinaus, und das jüngste Geislein mit. Und als sie auf die Wiese kam, so lag der Wolf an dem Baum, und schnarchte, daß die Äste zitterten. Sie betrachtete ihn von allen Seiten, und sah daß in seinem angefüllten Bauch sich etwas regte und zappelte.
Dann ritzte sie dem Wolf den Bauch auf, und die sechs Geiserchen (…) sprangen heraus.	Dann schnitt sie dem Ungethüm den Wanst auf (…) so sprangen nacheinander alle sechse heraus.
Als der Wolf ausgeschlafen hatte, so fühlte er, daß es ihm so schwer im Leibe war. „Es rumpelt und pumpelt mir im Leibe herum", sprach er, „und habe doch nur sechs Geiserchen gegessen". Da dachte er ein frischer Trunk würde ihm helfen, machte sich in die Höhe, und suchte einen Brunnen. Wie er sich aber über das Wasser bückte, und trinken wollte, konnte er sich vor der Schwere der Steine nicht mehr halten, und stürzte hinab und ertrank.	Als der Wolf ausgeschlafen hatte, machte er sich auf die Beine, und weil er so großen Durst empfand, so wollte er zu einem Brunnen gehen, und trinken. Als er aber anfieng sich zu bewegen, so rappelten die Steine in seinem Bauch aneinander. Da rief er: „Was rumpelt und pumpelt in meinem Bauch herum? Ich meint es wären sechs Geislein, so sinds lauter Wackerstein." Und als er an den Brunnen kam, und sich über das Wasser bückte, und trinken wollte, da zogen ihn die schweren Steine hinein, und da mußte er jämmerlich ersaufen.
Und tanzten vor Freunde um den Brunnen.	Und tanzten mit ihrer Mutter vor Freude um den Brunnen herum.

(Rölleke, Heinz. „Wo das Wünschen noch geholfen hat". Gesammelte Aufsätze zu den „Kinder- und Hausmärchen" der Brüder Grimm, Bonn 1984, S. 78 f.)

Aufgaben:

1. Warum haben die Brüder Grimm im Laufe der Zeit ihre Märchen verändert?

2. Lies beide Texte oben. Unterstreiche die Stellen der 5. Auflage, die neue Informationen enthalten.

3. Erläutere, welcher Text dir besser gefällt und warum.

© Verlag an der Ruhr ● Postfach 10 22 51 ● 45422 Mülheim an der Ruhr ● www.verlagruhr.de ● ISBN 978-3-8346-0228-2

Viele Märchen gibt es in unterschiedlichen Ländern und Sprachen. „Hänsel und Gretel" ist ein solches internationales Märchen.

Der Riese und die zwei Lappenkinder* (Märchen aus Finnland)

Ein paar Kinder fuhren mit einem Boot auf einem See. An dessen Ufer lag ein Berg, in dem ein Riese wohnte. Als er die Kinder bemerkte, versteckte er sich hinter einem Stein und rief sie. Die Kinder dachten, ihre Eltern hätten gerufen, und fuhren an Land. Der Riese packte das Boot auf seine Schultern und lief damit nach Hause. Weil er so groß war, dass er mit seinen Armen an den Bäumen anstieß, konnten sich manche Kinder retten. Zu Hause angekommen, rief der Riese seiner Frau zu, sie solle die dicksten Kinder nehmen und ein Festessen zubereiten. Die Riesin aber rief: „Du hast ja nur zwei Kinder mitgebracht." Der Riese wollte das erst nicht glauben, fand aber im Boot nur noch ein Mädchen und einen Jungen, die Geschwister waren. Beide waren so dünn, dass man sie erst mästen musste, bevor man sie essen konnte. Der Riese brachte die Kinder in einen Stall, und seine Frau kochte ihnen jeden Tag die köstlichsten Speisen. Da der Junge aber klug war, sagte er seiner Schwester, sie solle nur das Nötigste essen, um nicht zu verhungern. Als der Riese nach einiger Zeit Besuch bekam, ging er zum Stall, um zu sehen, ob die Kinder schon dick genug geworden waren. Er forderte den Jungen auf, seinen Finger durch ein Loch im Stall zu stecken. Der Junge aber steckte nicht seinen Finger, sondern einen Ast hinaus. „Nein, das taugt nichts", sagte der Riese enttäuscht, weil er den Schwindel nicht bemerkte. Dann ging er zu dem Mädchen und wollte fühlen, ob sie schon dick genug sei. Aber das Mädchen hielt ihm einen Knochen hin. „Sonderbar", sagte der Riese, „der Junge ist mager wie eine Krähe, und das Mädchen ist noch zehnmal schlechter dran!" Wütend schleuderte er die Kinder auf seinen Rücken, brachte sie ihren Eltern zurück und sagte: „Hier habt ihr eure elenden Kinder zurück; solche Knochengerippe will ich nicht haben!" Und als er wieder nach Hause lief, bebte die Erde unter seinen Füßen.

*Lappen: Ein Volk in Finnland

© Verlag an der Ruhr ● www.verlagruhr.de ● ISBN 978-3-8346-0228-2 ● Postfach 10 22 51 ● 45422 Mülheim an der Ruhr

Die verwirrten Kinder (Märchen aus Portugal)

Ein Vater schickte seine beiden Kinder in den Wald, um Holz zu holen. Sie verirrten sich und kamen an ein Haus, in dem eine Hexe gerade Waffeln buk. Da die Hexe nur ein Auge hatte, sah sie die Kinder nicht gleich, die von den Waffeln naschten. Sie glaubte, es sei ihre Katze: „Weg, du diebisches Katzentier, ich gebe dir schon deinen Anteil." Die Kinder lachten laut und wurden so entdeckt. Die Hexe steckte sie in eine Truhe voller Kastanien und befahl ihnen, viele davon zu essen. Eines Tages rief sie: „Steckt eure Finger durch das Schlüsselloch, ich will sehen, ob ihr schon schön dick seid!" Die Kinder aber steckten einen Mauseschwanz hindurch. Die Hexe dachte, es seien ihre Finger, und war darüber sehr enttäuscht. Nach einiger Zeit kam sie wieder, und diesmal mussten die Kinder ihre eigenen Finger zeigen. Die Hexe war zufrieden: „Kommt heraus, ihr seid dick genug! Geht in den Wald und sammelt Holz." Sie gab ihnen ein Stück Brot, von dem sie nur das Weiche essen, es aber nicht aufbrechen sollten, einen Flaschenkürbis voll Wasser, aus dem sie trinken sollten, ohne den Korken herauszuziehen, und einige Samenkerne, die sie auf den Weg streuen sollten, um wieder zum Hexenhaus zurückzufinden. Als die Kinder eine Weile unterwegs waren, trafen sie eine alte Frau, der sie erzählten, was passiert war und dass sie großen Hunger hätten, aber nicht wüssten, wie sie das Brot essen sollten. Die alte Frau nahm das Brot und den Kürbis und bohrte Löcher hinein. Nun konnten die Kinder essen und trinken. Dann gab sie ihnen den Rat: „Wenn die Hexe euch braten will, antwortet: ‚Tanzt ihr zuerst, dass wir es lernen!' Und wenn sie dann tanzt, sagt ihr: ‚Liebe Muttergottes, hilf mir, und du, heiliger Josef!' und werft sie in den Ofen." Als die Hexe den Backofen heizte und zu den Kindern sprach: „Tanzt auf dieser Schaufel hier!", sagten die Kinder: „Tanzt ihr zuerst, damit wir es lernen!" Also begann die Hexe zu tanzen, und die Kinder riefen, wie ihnen gesagt worden war, und warfen die Hexe ins Feuer. Die Kinder aber kehrten zu ihrem Vater zurück und nahmen alles Geld mit, das sie im Hexenhaus fanden.

(Informationen aus: Tomkowiak, Ingrid; Marzolph, Ulrich. Grimms Märchen international. Paderborn 1996, S. 100ff. und S. 99f.)

Aufgabe:

Lest die Märchen, und vergleicht sie mit „Hänsel und Gretel" von den Brüdern Grimm. Schreibt in Stichworten auf, was gleich ist und was sich unterscheidet.

© Verlag an der Ruhr ⊕ Postfach 10 22 51 ⊕ 45422 Mülheim an der Ruhr ⊕ www.verlagruhr.de ⊕ ISBN 978-3-8346-0228-2

Merkmale der Fabel

Als der Löwe schlief, lief ihm eine Maus über den Körper. Er wachte auf, packte sie und war drauf und dran, sie aufzufressen. Da bat sie ihn, er solle sie doch freilassen: „Wenn du mir das Leben schenkst, werde ich mich dankbar erweisen." Lachend ließ er sie laufen. Es geschah aber, dass bald darauf die dankbare Maus dem Löwen das Leben rettete. Denn als er von Jägern gefangen und mit einem Seil an einen Baum gebunden wurde, hörte ihn die Maus jammern. Sie lief zu ihm, und, indem sie das Seil rundherum benagte, befreite sie ihn. „Damals", sagte sie, „hast du gelacht über mich und nicht erwartet, dass ich es dir vergelten würde. Jetzt weißt du, dass auch Mäuse dankbar sein können!" In schlechten Zeiten haben auch sehr Mächtige die Schwächeren nötig.

Die Fabel ist eine _____ Erzählung.

Die Tiere oder Pflanzen, die darin vorkommen, können nicht nur sprechen wie Menschen,

sie _____ und _____ auch so. Die unterschiedlichen

Tiere haben oft feste _____, die sie in vielen Fabeln zeigen.

Die erzählte Geschichte soll den Leser belehren und gleichzeitig _____.

Am Ende der Fabel wird manchmal eine Lehre (auch: Moral) genannt: Das ist ein Satz, der ausdrückt,

was der Leser durch die Fabel _____ soll. Bei vielen Fabeln ist die Lehre im

Text versteckt.

---

handeln   *Eigenschaften*   *lernen*   *kurze*   *unterhalten*   *fühlen*

Aufgaben:

1. Erläutere, warum der Löwe zunächst über die Maus lacht. Welche Eigenschaften hat der Löwe, welche die Maus?

2. Ergänze den Lückentext mit den Wörtern aus dem Wortspeicher. Belege die darin genannten Merkmale mit Beispielen aus der Fabel vom Löwen und der Maus.

3. Finde die Lehre der Fabel, und unterstreiche sie.

4. Formuliere die Lehre in deinen eigenen Worten. Denke dir eine Situation aus, in der diese Lehre zutrifft, und erzähle sie.

© Verlag an der Ruhr ® Postfach 10 22 51 ® 45422 Mülheim an der Ruhr ® www.verlagruhr.de ® ISBN 978-3-8346-0228-2

Die Fabel mit dem Fuchs

Der Fuchs ist ein hundeähnliches Säugtier, dass in Europa, Nordamerika, Afrika und Asien vorkommt. Die bekannteste Art in Deutschland ist der Rotfuchs. Er hat ein rotbraunes Fell mit hellen Stellen an Schnauze und Ohren. Als Nahrung dienen ihm Kleintiere, wie Mäuse, Kaninchen oder Vögel. Der Fuchs taucht in Fabeln häufig auf und hat immer die gleichen Eigenschaften.

Der Fuchs und der Esel

Wilderer waren nach der Jagd auf einen Löwen überrascht worden und hatten das Fell des Tieres zurückgelassen. Ein Esel fand die Löwenhaut, warf sie sich über und lustwandelte in dieser Verkleidung mit stolzen Schritten im Wald umher. Übermütig schrie er sein ‚Ia Ia' aus allen Kräften, um die anderen Tiere in Schrecken zu versetzen.

Alle erschraken und ergriffen die Flucht, denn sie erkannten den Esel nicht. Nur der Fuchs blieb ungerührt. Keck trat er vor den Esel hin und verhöhnte ihn: „Mein Lieber, auch ich würde vor dir erschrecken, wenn ich dich nicht an deinem ‚Ia' erkannt hätte. Ein Esel bist und bleibst du!"

Ein Rotfuchs

schlau höflich

lustig

feige listig

eingebildet

ängstlich dumm

hilfsbereit

hochnäsig mutig

ungeschickt

Aufgaben:

1. Unterstreiche die Eigenschaften im Kasten, die auf den Fuchs in der Fabel zutreffen rot. Sie sind typisch für den Fuchs in Fabeln!

2. Unterstreiche die Eigenschaften des Esels mit blauer Farbe. Glaubst du, dass sie auch auf echte Esel zutreffen?

3. Denke dir eine Fabel aus, in der ein Fuchs die Hauptrolle spielt. Achte darauf, dass die für ihn typischen Eigenschaften darin deutlich werden.

 Märchen · Fabeln · Sagen

© Verlag an der Ruhr © Postfach 10 22 51 © 45422 Mülheim an der Ruhr © www.verlagruhr.de © ISBN 978-3-8346-0228-2

Tierische Eigenschaften

Die Tiere in den Fabeln besitzen bestimmte **Eigenschaften**, die normalerweise nur Menschen haben. Damit werden der Fuchs oder der Löwe zu **Stellvertretern** der Menschen. Sie benehmen sich nicht wie Tiere, sondern wie Personen mit bestimmten Charaktermerkmalen: Sie sind ängstlich, mutig, eingebildet, schlau oder vorlaut. Die Eigenschaften der Tiere sind in fast allen Fabeln gleich.

© Verlag an der Ruhr ● Postfach 10 22 51 ● 45422 Mülheim an der Ruhr ● www.verlagruhr.de ● ISBN 978-3-8346-0228-2

Storch ❑

Gans ❑

Kaninchen ❑

Biber ❑

Esel ❑

Fuchs ❑

Hahn ❑

Affe ❑

Bär ❑

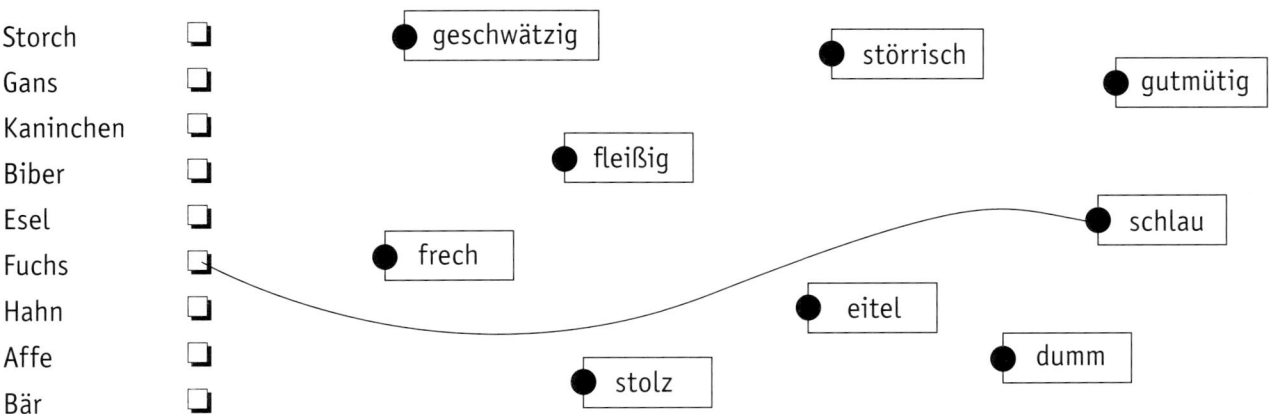

geschwätzig

störrisch

gutmütig

fleißig

schlau

frech

eitel

dumm

stolz

Aufgaben:

1. Finde für jedes Tier oben eine Eigenschaft, und schreibe sie auf die Linie darunter.

2. Welches Tier würdest du als Stellvertreter für die folgenden Menschen wählen: König, Diener, Angeber, Tollpatsch, Räuber?

3. Ordne den Tieren links passende Eigenschaften zu, indem du sie mit den rechten Adjektiven durch eine Linie verbindest.

Wer anderen eine Grube gräbt ...

In früheren Zeiten machten sich die Dichter Gedanken darüber, welchen **Zweck** eine Fabel erfüllen sollte. Einige von ihnen kamen zu dem Ergebnis, dass eine Fabel dem Leser in erster Linie etwas beibringen, d.h. ihm eine Erkenntnis vermitteln soll. Sie setzten deshalb die Lehre (Moral) an den Beginn oder das Ende der Fabel, in der sie zusammenfassten, was der Leser durch die Fabel lernen sollte. Viele Lehren aus Fabeln wurden so bekannt, dass wir sie heute als **Sprichwörter** verwenden.

Wer anderen eine Grube gräbt, ...	... das füg auch keinem andern zu.
Mitgefangen, ...	... Schweigen ist Gold.
Wenn zwei sich streiten, ...	... fällt selbst hinein.
Reden ist Silber, ...	... freut sich der Dritte.
Was du nicht willst, dass man dir tu, ...	... mitgehangen.

Fabeltier: Hirsch
Lehre: Nur zu oft weicht man vorsorglich einer Gefahr aus und gerät dabei unvorsichtig in eine andere.

Fabeltiere: Zwei Mäuse
Lehre: Genügsamkeit und Zufriedenheit macht glücklicher als Reichtum und Überfluss unter großen Sorgen.

Fabeltier: Krebs
Lehre: Tadle an anderen nicht die Fehler, die du selbst begehst!

Fabeltier: Hase
Lehre: Lasse dich nicht mit Menschen ein, die ihre Freunde in der Not verlassen.

Aufgaben:

1. Bilde aus den beiden Spalten der Tabelle oben Lehren, indem du die zusammengehörigen Teile mit derselben Farbe umrahmst.

2. Suche dir eine Lehre und ein Fabeltier aus, und schreibe eine Fabel, die dazu passt.

3. Wie wirkt eine Fabel, bei der die Lehre am Anfang steht, im Unterschied zu einer, bei der sie zum Schluss kommt?

© Verlag an der Ruhr ● Postfach 10 22 51 ● 45422 Mülheim an der Ruhr ● www.verlagruhr.de ● ISBN 978-3-8346-0228-2

Und die Moral von der Geschicht' ...

Jede Fabel soll dem Leser etwas beibringen, etwas „lehren". Doch nicht alle Fabeln enthalten eine Lehre (Moral) – manchmal muss man den Text genau lesen, um herauszufinden, was man lernen soll.

Das Schilfrohr und der Ölbaum

Ein Schilfrohr und ein Ölbaum stritten sich über Stärke, Festigkeit und Ruhe. Der Ölbaum tadelte das Rohr, weil es aller Stärke entbehre und leicht von allen Winden hin und her bewegt werde. Das Schilfrohr jedoch schwieg und sagte kein Wort. Nach einer kleinen Weile erhob sich ein heftiger Sturm. Das hin und her geschüttelte Rohr konnte den Windstößen nachgeben und blieb unbeschädigt, der Ölbaum dagegen, welcher sich den Winden entgegengestemmt hatte, wurde durch deren Gewalt gebrochen.

Die Eiche und das Schwein

Ein gefräßiges Schwein mästete sich unter einer hohen Eiche mit der herabgefallenen Frucht. Während es die eine Eichel zerbiss, verschluckte es bereits eine andere mit dem Auge. „Undankbares Vieh!", rief endlich der Eichbaum herab. „Du ernährst dich von meinen Früchten, ohne einen einzigen dankbaren Blick auf mich in die Höhe zu werfen!" Das Schwein hielt einen Augenblick inne und grunzte zur Antwort: „Meine dankbaren Blicke sollten nicht fern bleiben, wenn ich nur wüsste, dass du deine Eicheln meinetwegen hast fallen lassen."

(Nach einer Fabel von Gotthold Ephraim Lessing)

Das Schwein, die Ziege und der Hammel

Eine Ziege, ein Hammel und ein fettgemästetes Schwein wurden gemeinsam auf einem Karren zum Markt gefahren. Die Ziege reckte ihren Hals und schaute neugierig in die Landschaft. Der Hammel hing seinen Gedanken nach. Nur das Schwein fand gar keine Freude an diesem Ausflug. Es schrie so entsetzlich, dass es sogar dem gutmütigen Hammel zu viel wurde. „Warum machst du denn so einen Lärm? Man kann dabei ja keinen vernünftigen Gedanken fassen."
„Dummer Hammel", rief das Schwein, „du hältst dich wohl für sehr klug und gebildet, dass du mir Vorschriften machen willst. Glaubst du denn, dass der Bauer uns allein zu unserem Vergnügen herumkutschiert? Hättet ihr nur ein Fünkchen Verstand, dann wüsstet ihr, auf welchem Weg wir uns befinden. Ich weiß es ganz genau, dass man mich mit dem vielen guten Essen ausschließlich zu dem Zweck vollgestopft hat, weil man mich schlachten und verspeisen will. Darum lasst mich um Hilfe schreien, solange ich es noch kann!" „Wenn du schon so schlau bist", rief die Ziege zornig, weil das Schwein ihr die schöne Fahrt verdorben hatte, „dann höre auch auf zu jammern! Du weißt, dein Unheil steht fest, was hilft also noch das Weinen und Klagen, wenn du doch nichts mehr ändern kannst?"

(Nach einer Fabel von La Fontaine)

Aufgabe:

Lies die Fabeln, und formuliere für jede von ihnen eine Lehre. Was soll man aus ihnen lernen? Schreibe die Lehren auf.

© Verlag an der Ruhr ● Postfach 10 22 51 ● 45422 Mülheim an der Ruhr ● www.verlagruhr.de ● ISBN 978-3-8346-0228-2

Berühmte Fabeldichter: Aesop, Jean de La Fontaine und Lessing

Aesop nach einem Gemälde von Diego Velasquez

Jean de La Fontaine

Weitere Informationen über Lessing findest du auf **www.literatur-wissen.net/ gotthold-ephraim-lessing. html**

Aesop war ein berühmter griechischer Dichter von Fabeln und Gleichnissen und gilt als Begründer der Fabeldichtung in Europa. Er lebte um 600 v. Chr. Von seinem Leben weiß man nicht viel: Er soll ein **Sklave** gewesen sein, der mehreren Herren gedient hat. Nachdem er freigelassen wurde, kam er angeblich an den Hof des Königs Kroisos, der ihn auf mehrere Reisen schickte. Angeblich wurde er wegen Gotteslästerung ermordet.

Zu Aesops Lebzeiten wurden Fabeln von einem zum anderen erzählt, aber noch nicht aufgeschrieben. Erst 300 Jahre später wurden sie erstmals von Demetrios von Phaleron niedergeschrieben. Diese Texte gingen aber wieder verloren.

In Aesops Fabeln treten Tiere, Pflanzen, Götter und damals bekannte Menschen auf. Sie zeigen menschliche Schwächen, wie Neid, Dummheit, Geiz und Eitelkeit.

Jean de La Fontaine (1621–1695) war einer der wichtigsten französischen Schriftsteller seiner Zeit, und noch heute kennt seine Fabeln in Frankreich jedes Kind. Er studierte Theologie und Jura, arbeitete aber hauptsächlich als Schriftsteller. Berühmt wurde er durch das Buch „Ausgewählte Fabeln, in Versform gebracht von La Fontaine", das 1668 erschien. Später, in den Jahren 1677 und 1679, kamen zwei weitere Bände der Fabeln heraus. Darin verwendete er die Fabeln, um gegen die Unterschiede zwischen armen und reichen Leuten zu protestieren. Er starb im Jahre 1692.

Gotthold Ephraim Lessing (1729–1781) war ein wichtiger deutscher Dichter des 18. Jahrhunderts und hatte großen Einfluss auf die weitere Entwicklung der deutschen Literatur. Zu dieser Zeit versuchten Schriftsteller wie Lessing, die Menschen dazu zu bringen, ihren Verstand und ihre **Vernunft** zu benutzen und nicht, wie bis dahin, an Vorurteilen und vorgegebenen Herrschaftsverhältnissen festzuhalten. Die Fabeln beschäftigten sich deshalb häufig mit dem Unterschied zwischen Herrschern und den einfachen Leuten. Außerdem war es Lessing wichtig, in seinen Geschichten eine Sache von mehreren Seiten aus darzustellen. Seine Fabelsammlungen erschienen in den Jahren 1759 und 1771.

Aufgaben:

1. Erkläre, was Lessing und La Fontaine mit ihren Fabeln bezwecken wollten. Haben ihre Fabeln etwas gemeinsam?

2. Schreibe Steckbriefe zu Lessing und de La Fontaine. Notiere die wichtigsten Informationen zu ihrem Leben in Stichworten in der richtigen zeitlichen Reihenfolge.

Fabeln – mal anders

Die bekanntesten Fabeln sind schon viele hundert Jahre alt. Die Tiere, von denen diese Fabeln erzählen, z.B. der Bär oder der Fuchs, kannten damals alle Menschen. Zwar gibt es auch heute noch Bären und Füchse in der Natur, doch viele Menschen kennen diese Tiere nur noch aus dem **Zoo**. Dort leben auch noch ganz andere Tiere aus z.T. fernen Ländern, wie z.B. **Pinguine oder Kängurus**. Solche Tiere kommen in alten Fabeln nicht vor, können aber in neuen, modernen Fabeln die Hauptrolle spielen.

Tier 1:

_____

Eigenschaften:

_____

_____

_____

_____

Tier 2:

_____

Eigenschaften:

_____

_____

_____

_____

Tier 3:

_____

Eigenschaften:

_____

_____

_____

_____

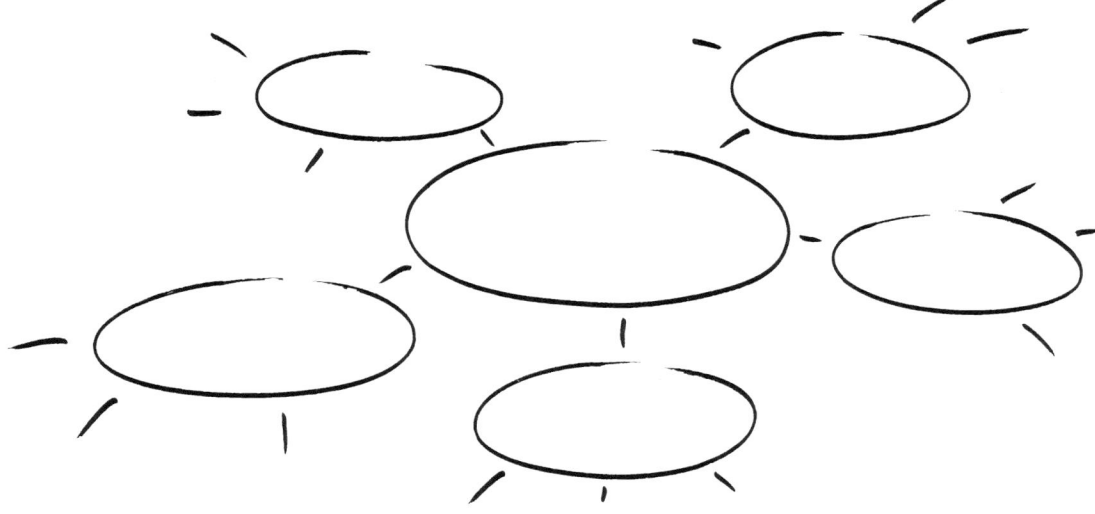

Aufgaben:

1. Wähle drei Tiere aus, die du aus dem Zoo kennst und die bei uns nicht in der freien Natur vorkommen. Schreibe passende Eigenschaften für sie auf. Verwende dazu die Linien oben.

2. Was könnte in einer Fabel mit diesen Tieren passieren? Schreibe deine Gedanken als Cluster (s. Beispiel oben) auf.

3. Schreibe eine Fabel anhand deines Clusters, oder erzähle sie deinem Partner.

© Verlag an der Ruhr ● Postfach 10 22 51 ● 45422 Mülheim an der Ruhr ● www.verlagruhr.de ● ISBN 978-3-8346-0228-2

 Märchen • Fabeln • Sagen

Fabelpuzzle

In der Nachbarschaft war nämlich ein Fest, und die Landleute opferten ihren Göttern. Als die Eingeweide angezündet wurden, flog der Adler hinzu, raubte nach seiner Gewohnheit ein Stück und trug es in sein Nest. Allein ohne sein Wissen war glimmende Asche an diesem Stück hängen geblieben; sein Horst fing schnell Feuer, und da gerade ein heftiger Sturm wütete, so war das Nest bald von den Flammen verzehrt, die halbgebratenen Jungen fielen herab, und der Fuchs verzehrte sie vor den Augen des Adlers.

Der Adler und die Schildkröte

Eine Schildkröte bat einen Adler, ihr Unterricht im Fliegen zu geben. Der Adler suchte es ihr auszureden, aber je mehr er sich bemühte, ihr das Törichte ihres Wunsches klarzumachen, desto mehr beharrte sie darauf.

Als der Fuchs einmal des Abends auf Raub ausging, und der Adler gerade diesen Tages aus Mangel an Beute mit seinen Jungen hatte fasten müssen, so glaubte er, der Hunger hebe jede Rücksicht auf Freundschaft auf, stürzte sich auf die Füchschen, trug sie in seinen Horst und verschlang sie mit seinen Jungen; ein leckeres Mal für sie und ihn! Kaum war der Fuchs zurückgekehrt, als er auch seine Jungen vermisste und den Frevel sogleich ahnte.

Trachte nicht nach Dingen, die die Natur dir versagt hat; was die Natur versagt, kann niemand geben.

Dem Verbrecher wird sein Lohn.

Ergrimmt über diese Verletzung der Freundschaft und von seinem Schmerz getrieben, stieß er eine Flut von Schmähungen gegen seinen früheren Freund, der nun sein heftiger Feind geworden war, aus, weil er sonst kein Mittel sah, sich zu rächen – und flehte den Zorn der Götter auf den Adler herab. Ruhig, mit höhnischer Miene, schaute der Adler auf den erbitterten Fuchs und ahnte nicht, dass so bald die verdiente Strafe folgen würde.

Ihrer dringenden Bitten müde, nahm der Adler sie endlich in die Luft und ließ sie ungefähr turmhoch abstürzen; zerschmettert lag sie auf der Erde und musste so ihre Torheit büßen.

Der Adler und der Fuchs

Ein Adler horstete auf einer hohen Eiche, und der Fuchs hatte sein Loch unten an derselben. Diese Nachbarschaft schien eine Freundschaft zur Folge zu haben. Aber ach, wie wenig aufrichtig war sie!

Aufgaben:

1. Schneide die Puzzleteile auseinander, und setzte die zwei Fabeln von Aesop richtig zusammen.
2. Wie unterscheiden sich die Adler in den einzelnen Fabeln? Welche Eigenschaften schreibst du ihnen zu?

© Verlag an der Ruhr ⊛ Postfach 10 22 51 ⊛ 45422 Mülheim an der Ruhr ⊛ www.verlagruhr.de ⊛ ISBN 978-3-8346-0228-2

Eine Fabel – zweimal erzählt

Aesop: Der Fuchs und der Storch

Ein Fuchs hatte einen Storch zu Gaste gebeten und setzte die leckersten Speisen vor, aber nur auf ganz flachen Schüsseln, aus denen der Storch mit seinem langen Schnabel nichts fressen konnte. Gierig fraß der Fuchs alles allein, obgleich er den Storch unaufhörlich bat, es sich doch schmecken zu lassen. Der Storch fand sich betrogen, blieb aber heiter, lobte außerordentlich die Bewirtung und bat seinen Freund auf den andern Tag zu Gaste. Der Fuchs mochte wohl ahnen, dass der Storch sich rächen wollte, und wies die Einladung ab. Der Storch aber ließ nicht nach, ihn zu bitten, und der Fuchs willigte endlich ein. Als er nun anderen Tages zum Storche kam, fand er alle möglichen Leckerbissen aufgetischt, aber nur in langhalsigen Geschirren. „Folge meinem Beispiele", rief ihm der Storch zu, „tue, als wenn du zu Hause wärst." Und er schlürfte mit seinem Schnabel ebenfalls alles allein, während der Fuchs zu seinem größten Ärgrer nur das Äußere der Geschirre belecken konnte und nur das Riechen hatte. Hungrig stand er vom Tische auf und gestand zu, dass ihn der Storch für seinen Mutwillen hinlänglich gestraft habe.

Was du nicht willst, dass man dir tu, das füg auch keinem andern zu.

Jean de La Fontaine: Der Fuchs und der Storch

Eines Tages hatte der Fuchs den Storch zum Mittagessen eingeladen. Es gab aber nur eine Suppe, die der Fuchs seinem Gast auf einem Teller vorsetzte. Von dem flachen Teller aber konnte der Storch mit seinem langen Schnabel nichts aufnehmen. Der listige Fuchs indessen schlappte alles in einem Augenblick weg. Der Storch sann auf Rache. Nach einiger Zeit lud er seinerseits den Fuchs zum Essen ein. Der immer hungrige Fuchs sagte freudig zu. Gierig stellte er sich zur abgemachten Stunde ein. Lieblich stieg ihm der Duft des Bratens in die Nase. Der Storch hatte das Fleisch aber in kleine Stücke geschnitten und brachte es auf den Tisch in einem Gefäß mit langem Hals und enger Öffnung. Er selbst konnte mit seinem Schnabel leicht hineinlangen. Aber die Schnauze des Fuchses passte nicht hinein. Er musste hungrig wieder abziehen. Beschämt, mit eingezogenem Schwanz und hängenden Ohren, schlich er nach Hause.

Wer betrügt, muss sich auf Strafe gefasst machen.

Aufgaben:

1. Lies beide Fabeln gut durch. Worin unterscheiden sie sich?

2. Auch die beiden Lehren am Ende der Fabeln sind unterschiedlich. Erkläre, welche deiner Meinung nach besser passt.

3. Spielt beide Fabeln nach, und vergleicht, was ihr jeweils unterschiedlich darstellen müsst.

4. Welche Fabel gefällt dir besser? Begründe deine Entscheidung.

© Verlag an der Ruhr ● Postfach 10 22 51 ● 45422 Mülheim an der Ruhr ● www.verlagruhr.de ● ISBN 978-3-8346-0228-2

Zwei Tiere – zwei Fabeln: Der Rabe und der Fuchs

Der Rabe und der Fuchs (Jean de La Fontaine)

Ein Rabe saß auf einem Baum und hielt im Schnabel einen Käse; den wollte er verzehren. Da kam ein Fuchs daher, der vom Geruch des Käses angelockt war. „Ah, guten Tag, Herr von Rabe!", rief der Fuchs. „Wie wunderbar Sie aussehen! Wenn ihr Gesang ebenso schön ist wie Ihr Gefieder, dann sind Sie der Schönste von allen hier im Walde!" Das schmeichelte dem Raben, und das Herz schlug ihm vor Freude höher. Um nun auch seine schöne Stimme zu zeigen, machte er den Schnabel weit auf – da fiel der Käse hinunter. Der Fuchs schnappte ihn auf und sagte: „Mein guter Mann, nun haben Sie es selbst erfahren: Ein Schmeichler lebt auf Kosten dessen, der ihn anhört – diese Lehre ist mit einem Käse wohl nicht zu teuer bezahlt." Der Rabe, bestürzt und beschämt, schwor sich, dass man ihn so nicht wieder betrügen sollte – aber es war ein bisschen zu spät.

Der Rabe und der Fuchs (Gotthold Ephraim Lessing)

Ein Rabe trug ein Stück vergiftetes Fleisch, das der erzürnte Gärtner für die Katzen seines Nachbarn hingeworfen hatte, in seinen Klauen fort. Gerade wollte er es auf einer alten Eiche verzehren, als sich ein Fuchs herbeischlich und ihm zurief: „Sei mir gesegnet, schöner Vogel!" „Für wen siehst du mich an?", fragte der Rabe erstaunt. „Für wen ich dich ansehe?", erwiderte der Fuchs. „Bist du nicht der rüstige Adler, der täglich auf diese Eiche herabkommt, mich Armen zu speisen? Warum verstellst du dich? Sehe ich denn nicht in der siegreichen Klaue die erflehte Gabe?" Der Rabe freute sich, für einen Adler gehalten zu werden, überließ großmütig seinen Raub dem Fuchs und flog stolz davon. Der Fuchs fing das Fleisch lachend auf und fraß es mit boshafter Freude. Doch bald verkehrte sich die Freude in eine schmerzhaftes Gefühl. Das Gift fing an zu wirken, und er musste sterben. Das hatte der Schmeichler davon.

Aufgaben:

1. Lies beide Fabeln. Welche Eigenschaften haben die darin auftretenden Tiere?

2. Wie unterscheiden sich die Fabeln voneinander?

3. Was wollte Jean de La Fontaine, was wollte Lessing mit der Fabel aussagen?

4. Schreibe eine eigene Fabel mit dem Titel „Der Rabe und der Fuchs".

© Verlag an der Ruhr ⊚ Postfach 10 22 51 ⊚ 45422 Mülheim an der Ruhr ⊚ www.verlagruhr.de ⊚ ISBN 978-3-8346-0228-2

Eine Fabel spielen (1/2)

Die Stadt- und die Landmaus (Aesop)

Eine Landmaus hatte ihre Freundin, eine Stadtmaus, zu sich eingeladen und empfing sie in ihrer sehr bescheidenen Wohnung aufs Freundlichste. Um ihren Mangel die sehr verwöhnten Städterin nicht merken zu lassen, hatte sie alles, was das Landleben Gutes bot, herbeigeschafft und aufgetischt. Da waren frische Erbsen, getrocknete Traubenkerne, Hafer und auch ein Stückchen Speck, wovon die Landmaus nur bei außergewöhnlichen Gelegenheiten aß. Mit großer Genugtuung überschaute sie ihre Tafel und unterließ nicht, ihrer Freundin unablässig zuzusprechen. Aber die Stadtmaus, durch die vielen gewohnten Leckereien verwöhnt, beroch und benagte die Speisen nur sehr wenig und stellte sich der Höflichkeit halber so, als wenn es ihr schmecke, konnte aber doch nicht umhin, die Gastgeberin merken zu lassen, dass alles sehr wenig nach ihrem Geschmack gewesen sei. „Du bist eine recht große Törin", sprach sie zu ihr, „dass du hier so kümmerlich dein Leben fristest, während du es in der Stadt so glänzend führen könntest wie ich. Gehe mit mir in die Stadt unter Menschen, dort hast du Vergnügen und Überfluss." Die Landmaus war bald entschlossen und machte sich zum Mitgehen bereit. Schnell hatten sie die Stadt erreicht, und die Städterin führte sie nun in einen Palast, in welchem sie sich hauptsächlich aufzuhalten pflegte; sie gingen in den Speisesaal, wo sie noch die Überbleibsel eines herrlichen Abendschmauses vorfanden.

Die Stadtmaus führte ihre Freundin nun zu einem prachtvollen, mit Damast* überzogenen Sessel, bat sie, Platz zu nehmen, und legte ihr von den leckeren Speisen vor. Lange nötigen ließ sich die Landmaus nicht, sondern verschlang mit Heißhunger die ihr dargereichten Leckerbissen.

Ganz entzückt war sie davon und wollte eben in Lobsprüche ausbrechen, als sich plötzlich die Flügeltüren öffneten und eine Schar Diener hereinstürzte, um die Reste des Mahles zu verzehren. Bestürzt und zitternd flohen beide Freundinnen, und die Landmaus, unbekannt in dem großen Hause, rettete sich noch mit Mühe in eine Ecke der Stube. Kaum hatte sich die Dienerschaft entfernt, als sie auch schon wieder hervorkroch und noch vor Schrecken zitternd zu ihrer Freundin sprach: „Lebe wohl! Einmal und nie wieder! Lieber will ich meine ärmliche Nahrung in Frieden genießen, als hier bei den ausgesuchtesten Speisen schwelgen und stets um mein Leben fürchten zu müssen."

Damast: kostbarer Stoff mit eingewebtem Muster.

© Verlag an der Ruhr ● Postfach 10 22 51 ● 45422 Mülheim an der Ruhr ● www.verlagruhr.de ● ISBN 978-3-8346-0228-2

Eine Fabel spielen (2/2)

Aufgaben:

1. Formuliere eine Lehre für die Fabel.

2. Nenne passende Beispiele für die Lehre aus deinem Alltag.

3. Spielt die Fabel nach. Dazu solltet ihr folgende Vorbereitungen treffen:

- Teilt euch in Gruppen (3 – 4 Personen) auf. In den Gruppen notiert ihr zunächst, welche Eigenschaften ihr der Stadtmaus und welche der Landmaus zuschreibt.

- Sammelt als Nächstes Ideen, wie sich diese Eigenschaften durch die Bewegungen und Gesichtszüge der beiden Schauspieler ausdrücken lassen.

- Schreibt anschließend gemeinsam das Drehbuch für euer Spiel: Dazu schreibt ihr in wörtlicher Rede auf, was beide Mäuse nacheinander sagen.

- Notiert anschließend zwischen diesen Sätzen, wie die Darsteller ihre Sätze wiedergeben sollen: frech, traurig, fröhlich, eingebildet usw.

- Anschließend könnt ihr noch festlegen, ob ihr z.B. bestimmte Möbel aus dem Klassenraum für die Dekoration eurer „Bühne" verwenden wollt.

- Dann vereinbart ihr, wer von eurer Gruppe die beiden Mäuse spielen wird. Die anderen kümmern sich um die Bühnengestaltung und achten darauf, dass die Anweisungen, die ihr vorher schriftlich festgehalten habt, von den Schauspielern auch eingehalten werden.

- Ihr solltet das Stück einmal proben, bevor ihr es vor der Klasse aufführt.

- Zum Schluss könnt ihr die unterschiedlichen Darbietungen miteinander vergleichen. Erklärt, was die einzelnen Gruppen gut gemacht haben und was sie noch verbessern könnten.

© Verlag an der Ruhr © Postfach 10 22 51 © 45422 Mülheim an der Ruhr © www.verlagruhr.de © ISBN 978-3-8346-0228-2

Fabeln aus aller Welt

Fabeln gibt es auf der ganzen Welt. Immer treten darin Tiere auf, die in dem jeweiligen Erdteil bzw. in dem jeweiligen Land leben. Hier sind die Anfänge einiger Fabeln aus aller Welt.

Die allzu klugen Fische (Indien)

In einem Teich wohnten zwei Fische namens Hundertklug und Tausendklug. Ein Freund von beiden war ein Frosch mit Namen Einfachklug. An einem warmen Abend unterhielten sich die drei am Ufer des Teiches eine Zeit lang und kehrten dann ins Wasser zurück. Als sie eines Abends zur Zeit des Sonnenuntergangs wieder einmal miteinander plauderten, kamen Männer mit Fischernetzen an diesen Teich. …

Falke und Huhn (Arabien)

Ein Falke sprach zum Huhn: „Warum bist du eigentlich gegen den Menschen so undankbar?" „Wie meinst du das?", wollte das Huhn wissen. „Nun, ich sehe, wie die Menschen dich mit außergewöhnlicher Sorgfalt betreuen. Sie geben dir regelmäßig dein Futter, sie bereiten dir einen warmen Stall, sie sichern des Nachts deine Ruhe gegen Feinde und Störungen. – Du aber, wenn jemand dich einmal greifen will, wehrst dich mit großem Gegacker und suchst zu entfliehen. Warum das nur? Wenn mir ein Mensch schmeichelt, lasse ich mich fangen, werde zahm und fresse ihm aus der Hand. Du aber bist undankbar!" „Dazu möchte ich etwas bemerken", gackerte das Huhn, „Höre: …"

Der kluge Kater und die dummen Affen (Asien)

Der Kater saß vor dem Haus und schlummerte im Sonnenschein. Da kamen Affen herbeigelaufen, begannen zu schreien und weckten den Kater. Sie sprangen auf den Bäumen umher, krochen auf das Dach und liefen wie wild durch den Garten. Den Kater ärgerte das, und er sagte: „Macht hier, was ihr wollt, nur schlagt, bitte, nicht an die Glocke dort, die dem Großväterchen gehört", und er zeigte auf den Baum, wo ein großes Wespennest hing. „Die Glocke des Großväterchens?", wunderten sich die Affen. „Und warum denn?" „Das ist keine gewöhnliche Glocke", sagte der Kater. „Großväterchen läutet sie nur dreimal im Jahr, an den höchsten Feiertagen. Wenn ihr an sie schlagt, wird die Glocke läuten, und Großväterchen wird sich ärgern." „Soll er sich ärgern", lachten die Affen. „Wir werden dem Großväterchen schon entwischen!" …

Aufgabe:

Schreibe die Fabeln zu Ende.

!

● Im Internet kannst du auf der Seite: **www.hekaya.de/ ausallerwelt.phtml/fabel** Fabeln aus aller Welt lesen.

© Verlag an der Ruhr ● Postfach 10 22 51 ● 45422 Mülheim an der Ruhr ● www.verlagruhr.de ● ISBN 978-3-8346-0228-2

Fabeln aus China

Auch in China gibt es viele alte und moderne Fabeln. Und obwohl China und Europa weit entfernt voneinander sind, haben europäische und chinesische Fabeln viel gemeinsam.

Das Kätzchen beim Fischfang

Die große und die kleine Katze angelten zusammen am Flussufer. Da kam eine Libelle geflogen. Als das Kätzchen sie sah, legte es die Angelrute beiseite und jagte der Libelle nach. Aber die Libelle entkam, und das Kätzchen kehrte mit leeren Pfoten zum Ufer zurück. Die große Katze hatte mittlerweile einen großen Fisch gefangen. Da kam ein Schmetterling geflogen. Als das Kätzchen ihn sah, legte es die Angelrute wieder beiseite und jagte dem Schmetterling nach. Aber auch der Schmetterling entkam, und das Kätzchen kehrte abermals mit leeren Pfoten zum Flussufer zurück. Und wieder hatte die große Katze einen dicken Fisch geangelt. „Das ist wirklich ärgerlich! Warum bekomme ich nicht einmal einen kleinen Fisch an die Angel?" Die große Katze schaute die kleine Katze an und sagte:

„——————————————————

————————————————————

————————————————————

————————————————————

————————————————————— "

Das Kätzchen beherzigte den Rat der großen Katze und war mit ganzer Seele beim Fischfang. Als wieder eine Libelle und ein Schmetterling vorbeiflogen, schien das Kätzchen sie überhaupt nicht wahrzunehmen. So dauerte es gar nicht lange, bis auch das Kätzchen einen großen Fisch aus dem Wasser zog.

(Informationen aus: http://german.cri.cn/311/2005/10/12/1@36984.htm)

Die „Übereinkunft" zwischen Krähe und Schwein

Eine Krähe saß auf einem Ast und sah ein schwarzes Schwein unter dem Baum. „Oh je, wie hässlich ist dieser schwarze Kerl da unten!", sagte die Krähe. Das Schwein schaute nach oben und sah, dass es die Krähe war, die so gesprochen hatte. „Dieses bedauernswerte schwarze Dinglein hat also diese Worte von sich gegeben", grunzte das Schwein. „Von wem redest du? Schau dich lieber selbst an!", gab die Krähe zornig zurück. „Das solltest du tun!", wütete das Schwein. So stritten sie eine Weile miteinander. Dann gingen sie zu einem Teich, um festzustellen, wer von beiden schwärzer und hässlicher aussah. Sie betrachteten zuerst ihr eigenes Spiegelbild, musterten sich dann gegenseitig, aber keiner sagte ein Wort. Plötzlich rief die Krähe voller Freude:

„——————————————————

————————————————————

————————————————————

————————————————————— "

(Informationen aus: http://german.cri.cn/311/2005/10/12/1@36981.htm)

Aufgaben:

1. Ergänze die Lücken im Text mit passenden Sätzen, die du dir selbst ausdenkst.

2. Welche Lehre wollen die Fabeln ihren Lesern erteilen?

3. Zeichne die Fabel von der Krähe und dem Schwein als Comic.

© Verlag an der Ruhr © Postfach 10 22 51 © 45422 Mülheim an der Ruhr © www.verlagruhr.de © ISBN 978-3-8346-0228-2

Der Turm des Rathauses von Rothenburg

Als das Rathaus zu Rothenburg mit seinem hohen, schlanken Turme fertig gebaut war, fand sich auch bald ein Paar Störche ein, das sich auf der Spitze des Turmes ein Nest errichtete, denn von dieser Höhe aus ließ es sich leicht in die weite Luft hinausschwingen. Sooft nun der eine der beiden Turmwächter auf den Steinkranz des Turmes stieg, um nach Feinden und Gefahren auszuspähen, hatte er seine Freude an den Tieren. Der andere Wächter hatte ein rohes, zänkisches Weib, das mit seinem Mann zuoberst auf dem Turme wohnte. Die Frau ärgerte sich über die Unreinlichkeit der Tiere, und als sie erst Junge ausgebrütet hatten, die zuweilen eine halbe Schlange oder Kröte auf den Turmkranz fallen ließen, da verlangte sie von ihrem Mann mit keifenden Worten, er möge die jungen Tiere aus dem Nest stoßen, was dieser auch tat. Aber es dauerte nicht lange, so kam der alte Storch mit einem brennenden Büschel Stroh im Schnabel geflogen, das er in sein Nest warf. Das Feuer griff vom Nest auf den Turm über, und das dürre Holzwerk geriet schnell in Flammen. Der böse Wächter vermochte nicht zu entrinnen und verbrannte samt seinem Weibe; der gute hingegen stieg auf eines der alten Steinbilder hinaus, die man heute noch sieht, und rettete mit Mühe sein Leben. Das Innere des Turmes brannte gänzlich aus, doch blieben die festgefügten Mauern stehen bis auf den Steinkranz, an dessen Stelle später ein eiserner kam.

Volkssagen sind _____ Geschichten aus der

Vergangenheit, die nicht auf wahren Ereignissen beruhen, aber den Anschein

erwecken, dass sie Wirkliches erklären, etwa Naturerscheinungen, Bräuche

oder merkwürdige Ereignisse. Sagen nennen meist _____

und oft auch _____ des Ereignisses.

Eine wichtige Rolle spielt meist _____ und

_____ .

das Bedrohliche

mündlich überlieferte

das Unheimliche

den Ort   die Zeit

Aufgaben:

1. Ergänze den Lückentext mit Wörtern aus dem Wortspeicher.

2. Welches Ereignis versucht dieser Text zu erklären?

3. Vergleiche diesen Text mit einem Märchen. Welche Gemeinsamkeiten, welche Unterschiede stellst du fest?

4. Kann sich die Begebenheit tatsächlich so zugetragen haben?

5. Schreibe einen kurzen Zeitungsbericht für den „Rothenburger Anzeiger" über den Rathausbrand.

© Verlag an der Ruhr ● Postfach 10 22 51 ● 45422 Mülheim an der Ruhr ● www.verlagruhr.de ● ISBN 978-3-8346-0228-2

Der Pudel am Tiergärtnertor

Es war mitten in der Nacht. Ganz Nürnberg schlief. Nur die Bäcker waren wach und fleißig bei ihrem Geschäft. In der Bäckerei am Tiergärtnertor war ein Geselle mit dem Lehrjungen dabei, den Teig für die Feiertagswecken zu kneten. Dabei wurde es dem Gesellen heiß, und er schickte den Lehrbuben hinaus in die Nacht zum Brunnen, dass er ihm ein Krüglein Wasser hole. Der Bub nahm den Pudel mit, damit noch jemand bei ihm war in der stockfinsteren Nacht. Wie der Lehrbub aus der Tür ging, sprang der Pudel über den Platz am Tiergärtnertor voraus. Drüben plätscherte der Brunnen. Langsam ging der Lehrbub hinüber, stellte seinen Krug unter das Brunnenrohr, und als er voll war, nahm er ihn und wollte zurückkehren. Aber der Pudel war verschwunden. Der Lehrbub pfiff, doch der Hund kam nicht zurück.

Von Weitem hörte man sein Bellen, aber das war nicht mehr auf dem Platz! Das Gebell klang ganz hohl, als wenn der Hund ins Tiergärtnertor hineingelaufen wäre. Aber das Tor war doch die ganze Nacht fest verschlossen. Da konnte doch kein Hund hinein! Das dumpfe Bellen erklang wieder. Der Lehrbub ging hin und sah, dass das Tor offen war! Schnell lief er in seine Backstube und erzählte, dass das Tiergärtnertor offen sei. Der Geselle ging mit. Sie gingen in den langen Gang des Tores und suchten den Hund. Der knurrte, bellte und heulte. Als sie zu ihm hinkamen, entdeckten sie, dass er einen Mann an seinen Kleidern festhielt. Der Geselle und der Lehrbub packten den Kerl und zogen ihn rückwärts durchs Tor auf den Platz. Sie riefen die Wache und erzählten, wo sie ihn gefunden hatten. Als sie ihm mit der Laterne ins Gesicht leuchteten, erkannten sie Anton Tetzel, einen der reichsten und vornehmsten Ratsherrn der Stadt …

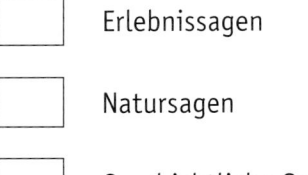

Erlebnissagen

Natursagen

Geschichtliche Sagen

a) erklären die Entstehung bestimmter Naturerscheinungen.

c) schildern die Begegnung mit Riesen, Zwergen, Geistern oder mit dem Teufel.

b) beziehen sich auf geschichtliche Ereignisse oder auf Taten bekannter Persönlichkeiten.

Aufgaben:

1. Wie könnte die Sage ausgehen? Schreibe einen passenden Schluss.

2. Es gibt verschiedene Arten von Sagen. Ordne die Beschreibungen oben der passenden Sagenart zu.

3. Um welche Art von Sage handelt es sich bei der oben genannten?

© Verlag an der Ruhr ● Postfach 10 22 51 ● 45422 Mülheim an der Ruhr ● www.verlagruhr.de ● ISBN 978-3-8346-0228-2

Die treuen Weiber zu Weinsberg

Sagen verbreiteten sich zunächst **mündlich** und wurden erst später aufgeschrieben. Mit den Menschen, die sie erzählten, haben sich die Geschichten auch über Ländergrenzen hinweg verbreitet. Auch wenn die meisten Sagen nur erfunden sind, können in ihnen Menschen vorkommen, die tatsächlich gelebt haben. Vor allem bei **geschichtlichen Sagen** ist dies häufig der Fall. Weinsberg ist eine Stadt in Baden-Württemberg. Bekannt wurde sie u.a. durch eine **Sage** von den Frauen, die im Mittelalter mit ihren Familien in der Burg Weibertreu lebten.

Die Ruine der Burg Weibertreu heute

Aufgaben:

1. Erkläre mit deinen eigenen Worten, wie die Frauen den König austricksten.

2. Glaubst du, dass sich die Sage tatsächlich so zugetragen hat?

3. Die Sage ist schon sehr alt, und auch die Sprache ist veraltet. Unterstreiche die Stellen, die besonders altmodisch klingen. Schreibe anschließend diese Sätze in modernes Deutsch um.

4. Stelle dir vor: Eine Frau aus Weinsberg erzählt einer anderen, wie sie und die anderen Frauen ihre Männer retteten. Schreibe ihren Bericht auf.

Die Weiber zu Weinsberg

Als König Konrad III. den Herzog Welf geschlagen hatte (im Jahr 1140) und die Festung Weinsberg belagerte, so bedingten die Weiber der Belagerten die Übergabe damit, dass eine jede auf ihren Schultern mitnehmen dürfte, was sie tragen könne. Der König gönnte das den Weibern. Da ließen sie alle Dinge fahren, und nahm eine jegliche ihren Mann auf die Schultern und trugen den aus. Und da des Königs Leute das sahen, sprachen ihrer viele, das wäre die Meinung nicht gewesen, und wollten das nicht gestatten. Der König aber lachte und tat Gnade der listigen Tat der Frauen. „Ein königlich Wort", rief er, „das einmal gesprochen und zugesagt ist, soll unverwandelt bleiben."

(Informationen aus: Brüder Grimm. Deutsche Sagen. Band 2. München, 1993. S.437)

© Verlag an der Ruhr ⦿ Postfach 10 22 51 ⦿ 45422 Mülheim an der Ruhr ⦿ www.verlagruhr.de ⦿ ISBN 978-3-8346-0228-2

Die Sage von Tantalos

Viele Sagen sind sehr alt. Aus dem **alten Griechenland** stammen zahlreiche Sagen, die in der Zeit zwischen 800 bis 140 v. Chr. entstanden sind. Häufig spielen darin Götter oder furchtlose Männer die Hauptrolle. Deshalb nennt man diese Sagen heute **Götter- oder Heldensagen**. Das Besondere an diesen Sagen ist v.a., dass die Gottheiten der alten Griechen wie Menschen handelten und fühlten.

Tantalos lebte als König von Lydien in Macht und Reichtum. Er war ein Sohn des Göttervaters Zeus selber. Die Olympischen[1] machten ihn zuletzt gar zum Tischgenossen an ihrer himmlischen Tafel. Dort am Tische des Zeus durfte Tantalos täglich Zeuge der Gespräche der Götter sein! Aber der Geist des Erdgeborenen zeigte sich solchen Glückes nicht wert. Eitelkeit und niedrige Ruhmsucht packten ihn, dass er sich nicht scheute, frevlerisch gegen die Überirdischen zu handeln. Er verriet den Menschen die göttlichen Geheimnisse; er entwendete von der Tafel der Götter Trank und Speise, Nektar und Ambrosia, und brachte beides den Menschen. Ja, sein Übermut verleitete ihn, die göttliche Allwissenheit auf die Probe zu stellen; in seiner Verblendung lud er die Götter in sein Haus, schlachtete seinen eigenen Sohn Pelops und setzte ihn als Speise den Gästen vor! Nur Demeter hatte damals gedankenverloren von dem grässlichen Mahle gekostet. Den übrigen Göttern aber konnte die grauenhafte Tat nicht verborgen bleiben; sogleich erweckten sie den zerstückelten Körper des Knaben zu neuem Leben. Dann aber wandte sich die ganze Entrüstung der Götter gegen Tantalos. Schrecklich war die Qual, die ihn zu Strafe und Abschreckung traf: Er musste mitten in einem Teiche stehen, dessen Wellen ihm leicht um das Kinn spielten. Trotzdem musste er den grässlichsten Durst erleiden, denn niemals konnte er den lockend nahen Trank erreichen; sooft er sich nämlich niederbeugte, um von dem Wasser zu trinken, trat die Flut zurück. Zum Durst kam quälender Hunger. Und dabei schwangen herrliche Fruchtbäume ihre Zweige über seinen Kopf hin und her. Da lockten Birnen und Äpfel, Feigen und Oliven in reicher Pracht, doch wenn der Arme, vom rasenden Hunger gequält, die Hand ausstreckte, sie zu fassen, entführte plötzlich ein Sturmwind die Zweige und trieb sie hoch in die Himmelshöhe! (...)

[1] Olympischen: Der Olymp, ein Gebirge in Griechenland, galt als Sitz der Götter.
[2] Tartaros: Ein Teil der Unterwelt, Hölle

(Informationen aus: Schwab, Gustav; Carstensen, Richard. Griechische Sagen. Die schönsten Sagen des klassischen Altertums. München, 1978. S. 63f.)

Aufgaben:

1. Noch heute sagt man: „Jemand leidet „Tantalosqualen". Erkläre die Bestrafung des Tantalos in deinen eigenen Worten.

2. Denke an etwas, was du besonders magst oder was für dich sehr wichtig ist, und erfinde daraus drei „moderne" Tantalosqualen.

3. Male ein Bild von Tantalos in der Unterwelt.

© Verlag an der Ruhr ● Postfach 10 22 51 ● 45422 Mülheim an der Ruhr ● www.verlagruhr.de ● ISBN 978-3-8346-0228-2

Herakles – der Comic-Held

Herakles (lateinisch: Herkules) war ein berühmter Held der alten Griechen. Viele Sagen berichten von seinen großen **Heldentaten**, die auch als Reihe von aufeinanderfolgenden Bildern an einem Tempel in Olympia dargestellt wurden. Übrigens: Einer Legende nach erfand Herakles die **Olympischen Spiele**.

Herakles, der menschliche Sohn des Göttervaters Zeus, musste zwölf Aufgaben für den König Eurystheus erfüllen. Als Erstes sollte er das Fell des nemeischen Löwen, dem keine Waffe etwas anhaben konnte, herbeischaffen. Zwar prallten seine Pfeile an dem Tier ab, doch schließlich schaffte er es, ihn mit seinen Händen zu erwürgen. Auch die Riesenschlange Hydra, die acht sterbliche und einen unsterblichen Kopf hatte, schien zunächst unbesiegbar. Immer, wenn er mit der Keule einen Kopf zerschlug, wuchsen dort zwei weitere nach. Doch als er mit brennenden Bäumen die Köpfe verbrannte, ging die Schlange zu Grunde. Als Nächstes musste er eine heilige Hirschkuh, die sehr schnell war, lebendig einfangen. Das gelang ihm, nachdem er sie mit einem Pfeil am Bein verwundet hatte. Auch einen heiligen Eber fing er. Nachdem er das Tier so lange durch den Schnee gejagt hatte, bis es erschöpft zusammenbrach, konnte es bei lebendigem Leib gefesselt werden. Den riesigen Stall des Augias mistete Herakles an nur einem Tag aus: Er riss die Seiten des Stalles auf und leitete den Fluss Alpheios um, sodass dieser den gesamten Mist wegspülte. Bei der sechsten Aufgabe half ihm ein Geschenk des Gottes Hephaistos: zwei mächtige Klappern aus Erz. Mit ihrem Lärm vertrieb Herkules die gefährlichen Raubvögel aus dem Sumpf Stymphalos. Auf der Insel Kreta fing er einen wilden Stier ein und zähmte ihn. Die Stuten des Thrakerkönigs Diomedes waren mit Ketten an einen Felsen gebunden und so wild, dass sie sogar Menschen fraßen. Als der König die Stuten nicht freiwillig hergab, warf ihn Herakles den Stuten vor, die von da an zahm waren. Im Kampf mit dem Volk der Amazonen erbeutete Herakles den goldenen, mit Edelsteinen besetzten Gürtel der Königin Hippolyte. Auch die Rinder des Riesen Geryones, der drei Köpfe und drei Körper mit je sechs Armen und Beinen hatte, erbeutete er. An die Äpfel der Hesperiden, die von einem Drachen bewacht wurden, gelangte Herakles mit Hilfe des Atlas'. Herakles nahm das Himmelsgewölbe von dessen Schultern, damit dieser den Drachen einschläfern konnte. Als Letztes überwältigte er den Höllenhund Kerberos, der so groß war wie ein Elefant, drei Hundeköpfe und eine Mähne aus Schlangen hatte.

Aufgaben:

1. Liste stichwortartig auf, welche zwölf Aufgaben Herakles bewältigen musste.

2. Zeichne die Sage als einen Comic.

Briefe von Sagenfiguren – Orpheus und Eurydike

Die Sage von Orpheus und Eurydike ist eine sehr bekannte Erzählung
aus dem alten Griechenland. Sie berichtet von einer großen Liebe,
die auch der Tod nicht besiegen konnte.

Orpheus war der Sohn des Königs von
Thrakien. Der Gott Apoll hatte ihm eine
Leier geschenkt, und wenn er dazu sang,
wurden alle von der Macht seiner Musik
und seiner Stimme ergriffen: Menschen,
Tiere, sogar Bäume und Steine. Orpheus
liebte die wunderschöne Eurydike und
heiratete sie schließlich. Doch bald nach
der Hochzeit wurde Eurydike von einer
Schlange gebissen und starb.
In seinem Schmerz griff Orpheus nach
seiner Leier. Alle wilden Tiere des Waldes
versammelten sich um ihn, und die Bäume
hörten auf zu rauschen, um seine Musik
nicht zu stören. Doch weder Klagen noch
Bitten brachten Eurydike zurück. Da ent-
schloss er sich, in die Unterwelt hinabzu-
steigen und den Hades, den Herrscher des
Totenreiches, zu bitten, ihm seine geliebte Frau zurückzugeben. Singend flehte er
ihn und seine Gemahlin Persephone an,

ihm Eurydike wiederzugeben oder ihn
ebenfalls ins Reich der Toten zu holen.
Hades und Persephone waren so gerührt,
dass sie seine Bitte erhörten. Doch bevor
sich Orpheus und Eurydike in die Arme
fallen konnten, sprach Hades: „Noch nie
sahen wir hier so viel Liebe. Orpheus,
führe deine Gemahlin wieder zur Erde und
lebe glücklich mit ihr. Doch du darfst dich
nicht umdrehen, bis du die Unterwelt verlassen hast, sonst hast du Eurydike für
immer verloren!" So machte sich Orpheus
wieder auf den Weg in die Welt der Menschen und hoffte, dass Eurydike ihm folge. Fast hatten sie die Oberwelt erreicht,
als Orpheus stehen blieb. Da er Eurydike
hinter sich nicht hörte, drehte er sich um.
Als er sie fassen wollte, verschwand sie
mit den Worten: „Leb wohl, geliebter Orpheus!" Verzweifelt musste Orpheus alleine zur Erde zurückkehren.

Darstellung
des Hades auf
einer alten
griechischen
Vase

Aufgaben:

1. Versetze dich in Orpheus' Lage, als er ohne Eurydike wieder aus der Unterwelt zurückkehrt. Stelle
   dir vor, dass er seine Geliebte zwar nicht mehr
   sehen, ihr aber noch einen Brief in die Unterwelt
   schreiben darf. Verfasse diesen Brief für ihn, der
   v.a. deutlich macht, wie sich Orpheus jetzt fühlt.

2. Verfasse einen Antwortbrief, den Eurydike ihrem
   Geliebten in die Welt der Menschen schickt.

3. Die Sage geht gut aus, denn Orpheus
   und Eurydike sind am Ende wieder vereint.
   Wie hat Orpheus das geschafft?

© Verlag an der Ruhr © Postfach 10 22 51 © 45422 Mülheim an der Ruhr © www.verlagruhr.de © ISBN 978-3-8346-0228-2

Sisyphos

Viele alte griechische Sagen berichten von Menschen, die versuchten, die Götter zu betrügen oder sich gegen sie zu stellen. Damit warnten diese Geschichten den Leser vor ähnlichen Verfehlungen. Ihr Botschaft war einfach: Die Götter sind allwissend und unfehlbar – wer sie herausfordert, wird bestraft.

Sisyphos war der König von Korinth. Da wagte er in seinem Übermut, den Unwillen des Zeus auf sich zu ziehen: Er verriet den Göttervater, als er die Tochter des Flussgottes, die schöne Nymphe Aigina, entführt hatte, an ihren Vater. Zeus beschloss, ihn dafür zu bestrafen, und schickte Thanatos, den Tod. Aber der listige Sisyphos überlistete den Tod. Er brachte ihn in seine Gewalt und legte ihm so starke Fesseln an, dass seine Macht, das Leben der Menschen zu nehmen, gebrochen war. Auf der Erde entstand nun große Verwirrung. Niemand konnte mehr sterben! Erst als Ares, der Gott des Krieges, den Tod aus der Gewalt des Sisyphos befreit hatte, konnte Thanatos wieder seines Amtes walten. Sisyphos aber wurde vom Kriegsgott ins Reich der Toten geführt. Doch der Korintherkönig hatte sich schon eine neue List ausgedacht, um seine Freiheit wiederzugewinnen. Ehe er zum Hades* geführt wurde, hatte er seiner Frau verboten, anlässlich seines Todes ein Opfer zu bringen. Ohne eine Opferfeier konnte Hades die Seele eines Toten jedoch nicht bei sich aufnehmen. So ließen er und seine Gemahlin Persephone sich von Sisyphos bereden, ihn freizulassen – allerdings sollte er nur in die Menschenwelt zurückkehren, um seine Frau an ihre Pflicht zu erinnern. Natürlich dachte der Arglistige nicht daran, wieder in die Unterwelt zurückzukehren. Unbekümmert feierte er an der Seite seiner Frau seine Rückkehr in die Welt der Menschen. Jedes Mal, wenn er an den Gott der Totenwelt dachte, musste er schallend lachen. Wie geschickt er ihn betrogen hatte! Doch auf einem weiteren Fest stand plötzlich wieder Thanatos vor ihm. Er zerrte den hilflosen Sisyphos, der plötzlich ganz schwach und klein geworden war, erbarmungslos in die Unterwelt. Die Strafe, die Zeus dem Missetäter bestimmt hatte, war schrecklich: Er musste einen mächtigen Marmorstein einen Hügel hinaufwälzen. Unter unsäglicher Mühe stemmte sich Sisyphos dagegen und brachte den Stein bis zur Spitze des Hügels. Doch als er glaubte, den Gipfel erreicht zu haben, entglitt der tückische Felsblock seinen Händen und stürzte in die Tiefe! Von Neuem musste er sich ans Werk machen. Wieder wälzte er den Stein bis zur Höhe, und wieder rutschte der Marmorfels unter seinen Händen davon. Immer wieder, Jahrhundert um Jahrhundert, wälzte Sisyphos den Stein die Anhöhe hinauf. Niemals sollte es ihm gelingen, seine Aufgabe zu erfüllen.

Hades: Der Herrscher des Totenreiches (Informationen aus: Schwab, Gustav; Carstensen, Richard. Griechische Sagen. Die schönsten Sagen des klassischen Altertums. München, 1987. S. 63f.)

Aufgaben:

1. Heute noch gibt es den Ausspruch: „Das ist eine Sisyphos-Aufgabe!" Erkläre, welche Art von Aufgabe damit gemeint ist, und finde Beispiele für Situationen, die man als „Sisyphos-Aufgabe" bezeichnen könnte.

2. Schreibe das Gespräch, in dem Sisyphos den Gott des Totenreiches überredet, als Schreibgespräch auf. Arbeite dabei mit deinem Partner. Dabei schreibt ihr euer Gespräch auf eine Seite, die ihr euch hin und her reicht.

© Verlag an der Ruhr ● Postfach 10 22 51 ● 45422 Mülheim an der Ruhr ● www.verlagruhr.de ● ISBN 978-3-8346-0228-2

Prometheus

Prometheus ist in der griechischen Sagenwelt der **Schöpfer** und **Freund** der Menschen, der ihnen hilft und ihnen wichtige Dinge beibringt.

Als die Welt geschaffen war und alle Tiere sie bevölkerten, fehlte nur noch das Geschöpf, das mit seinem Geist die Erde beherrschen sollte. Da betrat Prometheus, der Enkel des Himmelsgottes Uranus, die Erde. Er war sehr klug und wusste von dem göttlichen Samen, der im Boden ruhte. Aus einem Erdklumpen formte er nach dem Bild der Götter eine Gestalt und schloss in ihre Brust die Seele mit guten und bösen Eigenschaften ein, die er von den Tieren nahm. Die Göttin Athene blies dem Erdklumpen ihren Atem ein, und so entstand der erste Mensch. Bald tummelten sich viele Menschen auf der ganzen Welt. Prometheus war ihr Lehrmeister: Er lehrte sie sehen und hören, sich Tiere zu Dienern zu machen und Schiffe und Häuser zu bauen. Aber eines fehlte noch: das Feuer, das die Götter den Menschen verwehrten. Doch Prometheus gelang es mit einer List, das Feuer doch noch zu ergattern: Als der Sonnengott Helios mit seinem Wagen vorbeifuhr, hielt Prometheus einen Halm ins Feuer und brachte ihn den Menschen. Zur Strafe schickte Zeus die wunderschöne Jungfrau Pandora mit einer Büchse zur Erde. Trotz Prometheus' Warnung nahm sein Bruder Epimetheus die Büchse der Pandora als Geschenk an und öffnete sie: Sogleich entflogen der Büchse Krankheiten, Elend und Schmerzen und breiteten sich über die ganze Menschheit aus, die bis dahin frei von ihnen gewesen war. Auch Prometheus sollte die Strafe des Zeus spüren: Er wurde in die wildeste Einöde des Kaukasus* geschleppt und mit unlösbaren Ketten über einem schaurigen Abgrund geschmiedet. Er musste dort aufrecht stehen, durfte weder schlafen noch essen oder trinken. Ein Adler fraß jeden Tag von seiner Leber, die sich bis zum nächsten Morgen wieder erneuerte.

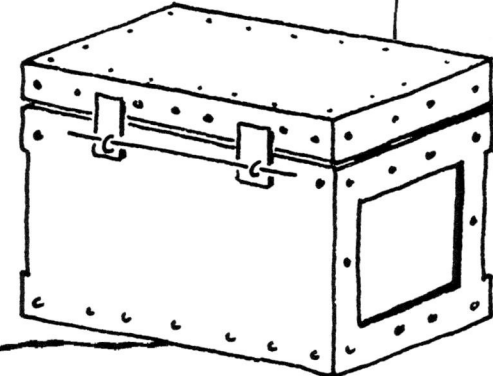

*Kaukasus: Gebirge in Osteuropa

Aufgaben:

1. Sagen versuchen oft, Dinge zu erklären, die Menschen nicht verstehen können. Welche Ereignisse oder Dinge werden hier erklärt?

2. Vergleiche die Sage des Prometheus mit der Schöpfungsgeschichte der Bibel (1. Buch Mose). Was ist ähnlich, was ist anders?

3. Überlege dir zwei Krankheiten oder andere schlimme Dinge, die du wieder in die Büchse der Pandora einschließen möchtest. Schreibe sie in die Zeichnung.

© Verlag an der Ruhr ● Postfach 10 22 51 ● 45422 Mülheim an der Ruhr ● www.verlagruhr.de ● ISBN 978-3-8346-0228-2

Der Rattenfänger von Hameln – Einen Zeitungsbericht schreiben

Hameln ist eine Stadt in Niedersachsen. Die Sage vom Rattenfänger von Hameln ist auf der ganzen Welt bekannt. Doch bis heute weiß niemand, ob sie sich tatsächlich so zugetragen hat.

Im Jahre 1284 ließ sich in Hameln ein sonderbarer Mann sehen. Er trug einen Rock aus buntem Stoff, weswegen er „Bundting" geheißen haben soll, und gab sich als Rattenfänger aus. Er versprach, für einen bestimmten Lohn die Stadt von allen Ratten und Mäusen zu befreien. Die Bürger wurden mit ihm einig und sicherten ihm den verlangten Betrag zu. Da zog der Rattenfänger ein Pfeifchen aus der Tasche und begann eine eigenartige Melodie zu pfeifen. Die Ratten und Mäuse kamen daraufhin aus allen Winkeln hervorgekrochen und sammelten sich um ihn herum. Langsam schritt er zum Stadttor hinaus, und der ganze Haufen folgte ihm bis an die Weser. Dort stieg der Mann in den Fluss. Alle Tiere sprangen hinter ihm drein und ertranken. Zwar waren die Bürger nun von ihrer Plage befreit, doch reute sie der versprochene Lohn. Sie verweigerten dem Mann die Auszahlung unter allerlei Ausflüchten, sodass er schließlich zornig und verbittert die Stadt verließ. Am 24. Juni, am Tage Johannis des Täufers, um sieben Uhr in der Frühe erschien er wieder, diesmal in Gestalt eines Jägers, mit finsterem Blick und mit einem roten, wunderlichen Hut auf dem Kopf. Wortlos zog er seine Pfeife hervor und begann darauf zu spielen. So lief er durch die Gassen. Doch diesmal kamen nicht Ratten und Mäuse, sondern Kinder in großer Zahl dahergelaufen, darunter auch die schon erwachsene Tochter des Bürgermeisters. Der ganze Schwarm zog hinter dem Mann her, und er führte sie vor die Stadt zu einem Berg, wo er mit der ganzen Schar verschwand. Ein Kindermädchen, das mit einem Kind auf dem Arm am Ende des Zuges gelaufen war, dann aber umgekehrt war, brachte die Nachricht in die Stadt. Die Eltern liefen sogleich haufenweise vor alle Tore und suchten jammernd ihre Kinder. Aber alles Suchen war vergeblich. Hundertunddreißig Kinder gingen damals verloren. Die Straße, auf der die Kinder zum Tor hinausgezogen waren, hieß später die „bungelose" (trommeltonlose, stille), weil darin keine Musik gespielt werden durfte. Ja, wenn eine Braut mit Musik zur Kirche geführt wurde, mussten die Spielleute in dieser Gasse ihr Spiel unterbrechen. An dem Berg, wo die Kinder verschwanden, wurden links und rechts zwei Steine in Kreuzform errichtet – zur Erinnerung an dies traurige und seltsame Ereignis.

Aufgaben:

1. Die Hamelner Zeitung, das „Hamelner Tagblatt", veröffentlicht am Tag nach der Entführung der Kinder ein Extrablatt. Schreibe einen Zeitungsbericht über das Ereignis. Denke dir dafür auch eine interessante Überschrift aus.

2. In das Extrablatt soll auch ein Interview mit einer Mutter, deren Sohn unter den entführten Kindern war. Schreibe das Interview zusammen mit deinem Partner.

© Verlag an der Ruhr ⊙ Postfach 10 22 51 ⊙ 45422 Mülheim an der Ruhr ⊙ www.verlagruhr.de ⊙ ISBN 978-3-8346-0228-2

Eine Sage schreiben

Die Personen in Sagen (Helden, Götter, Personen aus der Geschichte) erleben seltsame Dinge, die sich so kaum in Wirklichkeit zugetragen haben können, oder vollbringen Taten, die für Menschen normalerweise unmöglich sind. Dennoch haben viele Sagen einen **wahren Kern**, z.B. einen Krieg, der tatsächlich stattgefunden hat, oder der Tod eines berühmten Königs, der tatsächlich gelebt hat. Viele Sagen wurden so oft weitererzählt und dabei ausgeschmückt, dass sie im Laufe der Zeit immer mehr von ihrer Grundfassung abwichen. Übrigens: Die Brüder Grimm sammelten nicht nur Märchen. Zwischen 1816 und 1819 veröffentlichten sie eine Sammlung von deutschen Sagen.

Das Sagenrezept:

- Nenne eine bestimmte Gegend oder eine **Stadt**, in der sich die Handlung abspielt.
- Nenne das Jahr, in dem das Geschehen spielt, oder einen **Zeitraum** (Bsp.: Zur Zeit, als Karl I. König war ...)
- Lasse in deiner Sage etwas **Außergewöhnliches** oder **Sonderbares** geschehen, das sich so normalerweise nicht zuträgt.

- Verwende eine **einfache Sprache**. Vielleicht kannst du ja sogar ein paar Wörter und Wendungen verwenden, die deine Sage altertümlich wirken lassen (lies dazu noch einmal die Sagen, die du schon kennst).

Handlungen:

- Ein König wird in der Schlacht schwer verwundet, stirbt jedoch nicht.
- Die Bürger einer Stadt verteidigen sich mit einer List gegen eine Belagerung.
- Eine Stadt erhält ihren Namen.
- Ein Schwan hilft einer Stadt, eine Hungersnot zu überwinden.
- Einer Bauersfrau erscheint der Geist einer toten Königin.

Überschriften:

- Wie die Menschen die Kohle entdeckten
- Der heilige Salzfluss der Germanen
- Der Rosenstrauch zu Hildesheim
- Der unschuldige Ritter
- Das Rad im Mainzer Wappen

Personen:

- Der König von ...
- Ritter
- Zeus
- Eine arme Magd aus ...
- Der Bürgermeister von ...
- Der Bischof von ...

Aufgabe:

Lies das Sagenrezept, und schreibe eine Sage. Suche dir dafür eine der oben genannten Handlungen, Überschriften und Personen aus. Das Ergebnis kann, je nachdem, welche Auswahl du triffst, eine Natursage, eine Göttersage, eine Erlebnissage oder eine geschichtliche Sage sein.

© Verlag an der Ruhr ⊛ Postfach 10 22 51 ⊛ 45422 Mülheim an der Ruhr ⊛ www.verlagruhr.de ⊛ ISBN 978-3-8346-0228-2

Rübezahl-Sagen-Puzzle

Der Sage nach ist Rübezahl ein **Berggeist**, der im Riesengebirge
(ein Gebirge zwischen Tschechien und Polen) haust. Um ihn ranken
sich viele Geschichten, die schon sehr alt sind.

In alter Zeit nannte man den Rübezahl voll Ehrfurcht „Domine Johannes". Leute, die höher oben im Gebirge wohnen, wissen dies noch und vermeiden auch heute noch die Bezeichnung „Rübezahl", denn sie ist ein Spottname und dem Berggeist verhasst. Darauf erwiderte der verkleidete Geist: „Mein lieber Bauer, der Rübezahl ist schon lange tot; geh mit deinem Geld wieder nach Hause und behalte es." Der Bauer lief daraufhin glücklich zurück in sein Dorf.

Im Riesengebirge wissen die Leute von mehreren Orten zu erzählen, die nach dem Berggeist benannt sind. Da ist Rübezahls Garten, Rübezahls Schatzkammer, seine Kanzel, seine Kegelbahn, sein Teich, sein Rosengarten. Viele fremde Leute kamen ins Riesengebirge, um Gold oder andere wertvolle Metalle zu suchen. Fanden sie diese natürlichen Schätze nicht, versuchten sie sie durch Zauberkünste und Teufelsbeschwörungen vom Berggeist zu erzwingen. Doch dann bekamen sie seinen Zorn zu spüren: Er schickte ihnen Donner und Blitz, und oft konnten sie nur mit Müh und Not ihr Leben retten.

„Gern", erwiderte der Berggeist, „wie viel brauchst du denn eigentlich?" Darauf der Bauer: „Großmächtiger Herr, könntet Ihr mir hundert Taler borgen? Ich will sie Euch als ein redlicher Mann übers Jahr hier wieder zustellen." Hierauf entfernte sich Rübezahl und kam nach einem Weilchen wieder zurück. Er brachte einen Beutel mit vielem Geld, das er dem Bauern lieh.

Nach einem Jahr erschien der Bauer von Neuem im Gebirge, am gleichen Ort wie im Vorjahr. Dort traf er einen Mann, der ganz anders aussah als jener, der ihm das Geld geliehen hatte. Daher stutzte der Bauer und war nicht sicher, ob es Rübezahl sei. Auf die Frage des Mannes: „Wo willst du denn hin, Bauer?", antwortete er daher: „Ich wollte zum mächtigen Herrn des Riesengebirges und ihm, wie ausgemacht, die Taler zurückbringen, die ich im Vorjahr von ihm geliehen bekam."

Doch eigentlich war Rübezahl ein gutmütiges Wesen. Ein Bauer war einst in große Geldnot geraten. In seiner Bedrängnis wagte er es, sich an Rübezahl zu wenden. Er ging ins Gebirge, um den Berggeist aufzusuchen. Dieser erschien dem Bauern und fragte ihn, was sein Anliegen sei. Darauf antwortete der Bauer: „Ich möchte den Herrscher des Riesengebirges untertänigst bitten, ob er mir nicht etwas Geld leihen wollte."

Aufgaben:

1. Schneide die Puzzleteile aus, und klebe sie in der richtigen Reihenfolge auf.

2. Sprich mit deinem Partner: Wie stellt ihr euch Rübezahl vor? Wie sieht er aus, welche Kleidung trägt er? Wie spricht er? Zeichnet ein Bild von Rübezahl nach eurer Vorstellung.

3. Mit welchen Wünschen könnten die Leute aus dem Dorf noch zu Rübezahl gekommen sein? Denke dir drei Wünsche aus, und erfinde kleine Sagen dazu.

© Verlag an der Ruhr ● Postfach 10 22 51 ● 45422 Mülheim an der Ruhr ● www.verlagruhr.de ● ISBN 978-3-8346-0228-2

Die Jungfrau auf der Lorelei

Vor langer Zeit war auf dem Felsen Lorelei am Rhein manchmal eine Jungfrau zu sehen. Sie war wunderschön und sang auf eine Weise, dass alle, die sie hörten, wie verzaubert waren. Doch niemand außer ein paar Fischern hatte die Jungfrau jemals aus der Nähe gesehen. Ihnen zeigte sie von Zeit zu Zeit die besten Plätze zum Fischen. Doch viele Schiffer ertranken auch, weil sie, von ihrem Gesang verzaubert, mit ihrem Schiff den Felsen rammten. Der Sohn des Pfalzgrafen hörte von ihr und wollte die Jungfrau aus der Nähe sehen. Er bestieg einen Kahn und ließ sich stromabwärts fahren. Als die Sonne gerade untergegangen war, sah er sie auf dem Felsen sitzen und einen Blumenkranz um ihre goldenen Locken flechten. Als er sie dann singen hörte, wurde auch er verzaubert und bat die Schiffer, am Felsen zu ankern. Doch als er versuchte, ans Ufer zu springen, rutschte er ab und ertrank in den Fluten. Daraufhin schickte sein Vater einen Hauptmann aus, der ihm die Jungfrau tot oder lebendig bringen sollte. Mit seinen Leuten umstellte er den Berg. „Was sucht ihr hier?", fragte die Jungfrau. „Dich, du Hexe!", antwortete der Hauptmann. „Ich befehle dir, dich sofort in die Fluten zu stürzen." Da lachte die Jungfrau und sang mit schauerlicher Stimme: „Vater, Vater, geschwind, geschwind! Die Rosse schick deinem Kind! Es will reiten mit Wogen und Wind!" Sogleich erhoben sich zwei Wellen, die wie Pferde aussahen, aus dem Fluss und trugen die Jungfrau hinab in den Rhein, wo sie verschwand.

Die Lore-Ley (Heinrich Heine)

Ich weiß nicht was soll es bedeuten,
dass ich so traurig bin;
Ein Märchen aus uralten Zeiten,
das kommt mir nicht aus dem Sinn.

Die Luft ist kühl und es dunkelt,
und ruhig fließt der Rhein;
Der Gipfel des Berges funkelt
Im Abendsonnenschein.

Die schönste Jungfrau sitzet
Dort oben wunderbar;
Ihr goldnes Geschmeide blitzet,
sie kämmt ihr goldenes Haar.

Sie kämmt es mit goldenem Kamme
und singt ein Lied dabei;
Das hat eine wundersame,
gewaltige Melodei.
…

Aufgaben:

1. Ist die Lorelei wirklich eine Hexe? Sammle Gründe dafür und dagegen.

2. Lies die ersten vier Strophen des Gedichts Heinrich Heines. Schreibe dann das Gedicht nach deinen Vorstellungen zu Ende, indem du dir drei weitere Strophen ausdenkst.

© Verlag an der Ruhr ● Postfach 10 22 51 ● 45422 Mülheim an der Ruhr ● www.verlagruhr.de ● ISBN 978-3-8346-0228-2

Der Mäuseturm von Bingen –
Zwei Fassungen einer Sage (1/2)

Bingen ist eine Stadt in Rheinland-Pfalz, am Ufer des Rheins gelegen.
Die Stadt ist berühmt für eine Sage, nach der in alter Zeit der Mainzer
Erzbischof Hatto auf unheimliche Weise zu Tode gekommen sein soll.

1. Fassung der Sage:

Wo aus dem Rhein unterhalb von Bingen weiße Klippen gefährlich emporragen und die Durchfahrt sehr schmal ist, steht in Mitten der Fluten eine Ruine – genannt „Hattos Turm" oder „Mäuseturm". Einst lebte in Mainz der Erzbischof Hatto, der hartherzig war und den die Not der armen Leute nicht interessierte. Damals gab es am Rhein eine große Hungersnot, bei der viele Menschen umkamen. Hattos Kornkammern waren gefüllt, und die Armen baten ihn um Essen, aber der Erzbischof blieb hart. Daraufhin schimpften und fluchten die Menschen. Das machte Hatto so wütend, dass er die Flehenden in eine Scheune sperren und diese anzünden ließ. Als man im Bischofspalast die Todesschreie hörte, sagte Hatto, der mit seinen Gästen bei einem üppigen Mahl saß: „Hört ihr die Kornmäuslein pfeifen?" Kurz darauf wurde es still, und die Sonne verschwand. Im Saal wurde es dunkel, und die Kerzen konnten die Dämmerung, die von nun an um Hatto herum war, nicht erhellen. Aus allen Ecken und Ritzen krochen Mäuse in jedes Zimmer des Palastes und fraßen, was sie finden konnten, selbst die Bissen, die die Gäste zum Mund führten. Da fürchteten sich alle Gäste und Bediensteten so sehr, dass sie die Flucht ergriffen. Auch Hatto wollte entkommen und flüchtete mit einem Schiff bis zu jenem Turm im Rhein. Dort glaubte er, sicher zu sein. Doch auch dort krochen tausende Mäuse aus allen Winkeln. In seiner Angst stieg der Bischof auf den höchsten Punkt des Turmes, und hier wurde er von den Mäusen gefressen.

Der Mäuseturm von Bingen

!

● Hatto I.: Hatto wurde um 850 als Kind einer adeligen Familie in Schwaben geboren. Er erhielt eine gute Schulbildung und verfügte über ein großes Wissen. Im Jahr 891 wurde er zum Erzbischof von Mainz ernannt. In diesem Amt hatte er großen politischen Einfluss auf mächtige Herrscher seiner Zeit und war deshalb u.a. auch sehr wohlhabend. Aber er galt auch als gewissenloser und unbarmherziger Mann, der andere verriet und Versprechen brach, um seine Macht zu erhalten. Er starb am 15. Mai 913.

© Verlag an der Ruhr ● Postfach 10 22 51 ● 45422 Mülheim an der Ruhr ● www.verlagruhr.de ● ISBN 978-3-8346-0228-2

2. Fassung der Sage:

Im Rhein, bei der engen Durchfahrt, die das Binger Loch genannt wird, liegt eine Ruine, die unter dem Namen „Mäuseturm" oder „Hattos Turm" berühmt wurde. Anfang des zehnten Jahrhunderts lebte dort der Erzbischof von Mainz, Hatto, der für seinen Reichtum und sein hartes Herz bekannt wurde. Während seiner Amtszeit kamen über das Land schwere Plagen, die die Ernte vernichteten. Überall waren die Menschen in Not – nur Hattos Speicher waren voll. Die armen Menschen flehten ihn um Brot an, aber er ließ sie fortjagen. Da sie mit Gewalt gegen ihn angehen wollten, befahl er seinen Waffenknechten, die Menschenmenge in die Scheune zu sperren und diese anzuzünden. Unter schrecklichem Geschrei starben die Menschen. Höhnisch lachend rief Hatto: „Hört, hört, die Kornmäuse pfeifen!" Der Erzbischof hatte zwar den Aufstand unterdrückt, aber Gottes Zorn sollte er noch spüren: Als er sich schlafen legte, hörte er ein seltsames Gepolter und Gepfeife, das ihn erschaudern ließ. Aus allen Ecken krochen Mäuse herbei und stürzten sich auf ihn. Hatto schrie um Hilfe, aber seine Diener liefen entsetzt davon. Auch als Hatto zur Burg Ehrenfels floh, verfolgten ihn die Mäuse. Schließlich packte ihn das schlechte Gewissen, und er flehte den Himmel um Hilfe an. Aber seine Strafe war noch nicht vollendet. Er floh mit einem Kahn zum Turm auf der Rheininsel und ließ dort sein Bett an Ketten aufhängen. Die Mäuse aber schwammen hinterher und bissen Hatto tot. Danach verschwanden sie und wurden nie wieder gesehen. Der Turm hieß von da an „Mäuseturm". Wenn nachts der Sturm braust, soll Hattos Geist wie eine graue Wolke um den Turm schweben – er hat wohl immer noch nicht zur Ruhe gefunden.

Das Binger Loch heute

Aufgaben:

1. Vergleiche beide Fassungen miteinander. Was ist gleich, was ist anders? Welche Absicht verfolgen die Verfasser der Sagen mit ihren Erzählungen?

2. Was hältst du von Hattos Strafe? Hat er sie verdient? Schreibe deine Meinung auf.

3. Denke dir eine Sage aus, in der ein schlechter Mensch für seine Taten bestraft wird und gleichzeitig Tiere eine Rolle bei der Bestrafung spielen. Schreibe die Handlung in Stichworten auf, und erzähle sie dann der Klasse oder einem Mitschüler.

© Verlag an der Ruhr ● Postfach 10 22 51 ● 45422 Mülheim an der Ruhr ● www.verlagruhr.de ● ISBN 978-3-8346-0228-2

Lösungen

S. 11: Märchensuchsel

R	P	Z	G	I	S	O	L	S	Z	I	A	T	R	W	R	K	E	H	T
R	R	A	S	C	H	E	N	P	U	T	T	E	L	D	T	N	F	A	G
H	F	K	O	P	F	K	I	S	S	E	N	G	T	S	G	U	A	E	S
I	U	W	R	R	T	R	U	R	T	T	H	D	E	C	S	S	B	N	A
O	G	E	F	R	A	U	H	O	L	L	E	S	J	H	G	P	H	S	H
R	O	T	K	A	E	P	P	C	H	E	N	A	G	N	H	E	R	E	U
G	L	H	G	O	L	D	T	A	L	E	R	S	A	E	U	R	S	L	N
W	D	K	S	H	H	W	R	A	E	T	G	E	N	E	I	H	A	U	D
M	E	I	O	J	J	Z	S	P	I	E	G	E	L	W	R	A	R	N	W
I	N	O	A	M	K	U	T	S	C	H	E	T	G	I	S	E	J	D	S
L	E	L	S	I	O	S	E	T	R	F	E	J	H	T	D	U	U	G	A
U	U	T	U	K	L	D	R	H	S	S	S	I	U	T	F	S	F	R	H
A	P	N	I	S	P	I	N	D	E	L	F	T	R	C	G	C	B	E	U
T	S	U	W	W	E	U	T	J	F	A	G	F	F	H	H	H	I	T	I
C	E	D	E	S	F	I	A	E	E	K	G	B	B	E	J	E	T	E	H
H	Z	T	J	F	S	F	L	R	Z	O	S	F	K	N	I	N	S	L	D
U	E	S	T	Z	Z	E	E	S	A	R	A	I	I	A	O	R	A	E	A
L	F	I	H	I	U	A	R	W	S	B	E	O	D	A	L	T	I	R	B
E	B	D	O	R	N	R	O	E	S	C	H	E	N	F	A	S	K	S	T
N	N	L	R	Z	F	T	F	G	A	G	G	A	I	U	A	A	T	A	D

S. 33: Aesop – Fabelpuzzle

Der Adler und die Schildkröte

Eine Schildkröte bat einen Adler, ihr Unterricht im Fliegen zu geben. Der Adler suchte es ihr auszureden, aber je mehr er sich bemühte, ihr das Törichte ihres Wunsches klarzumachen, desto mehr beharrte sich darauf. Ihrer dringenden Bitten müde, nahm der Adler sie endlich in die Luft und ließ sie ungefähr turmhoch abstürzen; zerschmettert lag sie auf der Erde und musste so ihre Torheit büßen. Trachte nicht nach Dingen, die die Natur dir versagt hat; was die Natur versagt, kann niemand geben.

Der Adler und der Fuchs

Ein Adler horstete auf einer hohen Eiche, und der Fuchs hatte sein Loch unten an derselben. Diese Nachbarschaft schien eine Freundschaft zur Folge zu haben. Aber ach, wie wenig aufrichtig war sie! Als der Fuchs einmal des Abends auf Raub ausging, und der Adler gerade diesen Tages aus Mangel an Beute mit seinen Jungen hatte fasten müssen, so glaubte er, der Hunger hebe jede Rücksicht auf Freundschaft auf, stürzte sich auf die Füchschen, trug sie in seinen Horst und verschlang sie mit seinen Jungen; ein leckeres Mal für sie und ihn! Kaum war der Fuchs zurückgekehrt, als er auch seine Jungen vermisste und den Frevel sogleich ahnte. Ergrimmt über diese Verletzung der Freundschaft und von seinem Schmerz getrieben, stieß er eine Flut von Schmähungen gegen seinen früheren Freund, der nun sein heftiger Feind geworden war, aus, weil er sonst kein Mittel sah, sich zu rächen – und flehte den Zorn der Götter auf den Adler herab. Ruhig, mit höhnischer Miene, schaute der Adler auf den erbitterten Fuchs und ahnte nicht, dass so bald die verdiente Strafe folgen würde. In der Nachbarschaft war nämlich eine Fest, und die Landleute opferten ihren Göttern. Als die Eingeweide angezündet wurden, flog der Adler hinzu, raubte nach seiner Gewohnheit ein Stück und trug es in sein Nest. Allein ohne sein Wissen war glimmende Asche an diesem Stück hängengeblieben; sein Horst fing schnell Feuer, und da gerade ein heftiger Sturm wütete, so war das Nest bald von den Flammen verzehrt, die halbgebratenen Jungen fielen herab, und der Fuchs verzehrte sie vor den Augen des Adlers.

$\mathscr{L}$iteratur- und $\mathscr{I}$nternettipps

Literaturtipps

Aesop
12 Fabeln.
Michael Neugebauer Verlag, 2006.
ISBN 978-3-314-01474-1

Bany-Winters, Lisa
Alles für den großen Auftritt.
Theater-Spiel-Training für Kinder.
Verlag an der Ruhr, 2000.
ISBN 978-3-86072565-8

Fenske, Ute (Hrsg.)
Rund um Sagen und Legenden.
Cornelsen, 2005.
ISBN 978-3-464-61603-1

Grimm, Jakob; Grimm, Wilhelm; Mieder, Wolfgang
Grimms Märchen, modern.
Prosa, Gedichte, Karikaturen.
Reclam, 1979.
ISBN 978-3-1500-9554-6

Grimm, Jacob; Grimm, Wilhelm
Kinder- und Hausmärchen.
Hrsg. v. Heinz Rölleke
Reclam, 2001.
ISBN 978-3-15-030024-4

Horsfield, Alan
Freies Schreiben – Schritt für Schritt
Ein systematischer Kurs.
Verlag an der Ruhr, 2006.
ISBN 978-3-834600479

Mudrak, Edmund (Hrsg.)
Das große Buch der Sagen.
Arena, 2007.
ISBN 978-3-401-45307-1

Poser, Therese.
Arbeitstexte für den Unterricht. Fabeln.
Reclam, 1975.
ISBN 978-3-15-009519-5

Rölleke, Heinz
Die Märchen der Brüder Grimm. Eine Einführung.
Reclam, 2004.
ISBN 978-3-1501-7650-4

Links

www.internet-maerchen.de/index1280.htm
Hier können Sie nach Märchen mit bestimmten
Motiven und Figuren suchen und Märchen aus
aller Welt lesen.

www.hekaya.de/ausallerwelt.phtml/fabel
Diese Seite enthält internationale Fabeln,
nach Kontinenten geordnet.

www.sagen.at
Eine Seite mit einer Sammlung von traditionellen
Sagen aus aller Welt und modernen Sagen, die z.T.
von unglaublichen Begebenheiten aus der Gegen-
wart erzählen.

www.maerchen.com/interpretationsliste.html
Auf dieser Seite finden Sie interessante Interpreta-
tionen von bekannten Märchen und viele Bilder.

**www.deutsche-maerchenstrasse.com/seiten/
index.html**
Hier finden Sie Informationen über die Deutsche Märchenstraße, einen touristischen Zusammenschluss von
Städten und Orten zwischen Hanau und Bremen. Ent-
lang der Märchenstraße befinden sich die Lebenssta-
tionen der Brüder Grimm und die Gegenden und Land-
schaften, in denen ihre Märchen beheimatet sind.

www.verlagruhr.de
Die in diesem Werk angegebenen Internetadressen
haben wir geprüft (März 2007). Da sich Internetadressen und deren Inhalte schnell verändern können,
ist nicht auszuschließen, dass unter einer Adresse
inzwischen ein ganz anderer Inhalt angeboten wird.
Wir können daher für die angegebenen Internetsei-
ten keine Verantwortung übernehmen.

Wer ist Goethe?

Arbeitsblätter zu Leben,
Werk und Zeitgeschichte

Kl. 5–7, 56 S., A4, Papphefter
ISBN 978-3-8346-0223-7
Best.-Nr. 60223
17,– € (D)/17,50 € (A)/29,90 CHF

Das große Arbeitsbuch Literaturunterricht

Lyrik, Epik, Dramatik

Kl. 8–11, 180 S., A4, Paperback
ISBN 978-3-8346-0234-3
Best.-Nr. 60234
23,– € (D)/23,65 € (A)/40,30 CHF

Das große Übungsbuch zur Rechtschreibung

Informationen, Spiele,
Übungen, Lernzirkel

Kl. 5–13, 159 S., A4, Paperback
ISBN 978-3-8346-0219-0
Best.-Nr. 60219
20,– € (D)/20,50 € (A)/35,– CHF

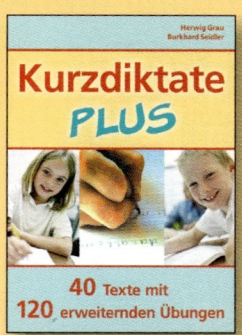

Kurzdiktate plus

40 Texte mit 120
erweiternden Übungen

Kl. 5–7, 49 S., A4, Papphefter
ISBN 978-3-8346-0161-2
Best.-Nr. 60161
16,50 € (D)/17,– € (A)/28,90 CHF

So können Eltern Lesen fördern

30 Elternbriefe in Türkisch und
Deutsch mit Ideen, Spielen
und Tipps

Kl. 5–7, 99 S., A4, Paperback
ISBN 978-3-8346-0278-7
Best.-Nr. 60278
19,– € (D)/19,50 € (A)/33,30 CHF

Die ganze Schule liest

Die Praxismappe zur Leseförderung

Kl. 5–10, 64 S., A4, Paperback, CD-ROM
ISBN 978-3-8346-0163-6
Best.-Nr. 60163
17,50 € (D)/18,– € (A)/30,70 CHF

Lehrer verändern Schule – Jetzt

Was du selber kannst besorgen,
das verschiebe nicht auf oben

Für alle Schulstufen, 178 S., 16 x 23 cm,
Paperback , zweifarbig
ISBN 978-3-8346-0062-2
Best.-Nr. 60062
15,– € (D)/15,45 € (A)/26,50 CHF

Der Klassenrat

Ziele, Vorteile, Organisation

Für alle Schulstufen, 165 S., A4, Paperback
ISBN 978-3-8346-0060-8
Best.-Nr. 60060
20,– € (D)/20,50 € (A)/35,– CHF

Literatur-Kartei

„Und schneller als die Bullen waren wir auch!"

Kl. 7–10, 63 S., A4, Papphefter
ISBN 978-3-8346-0169-8
Best.-Nr. 60169
18,– € (D)/18,50 € (A)/31,50 CHF

K.L.A.R.-Taschenbuch
Best.-Nr. 60168
5,– € (D)/5,15 € (A)/9,30 CHF

Literatur-Kartei

„Dich machen wir fertig!"

Kl. 7–10, 67 S., A4, Papphefter
ISBN 978-3-8346-0287-9
Best.-Nr. 60287
18,50 € (D)/19,– € (A)/32,40 CHF

K.L.A.R.-Taschenbuch
Best.-Nr. 60286
5,– € (D)/5,15 € (A)/9,30 CHF

Kunstgeschichte praktisch

Bauen, Malen und Gestalten von
der Steinzeit bis zum Barock

Kl. 5–13, 71 S., A4, Papphefter
(mit vierf. Abb.)
ISBN 978-3-8346-0175-9
Best.-Nr. 60175
18,80 € (D)/19,35 € (A)/32,90 CHF

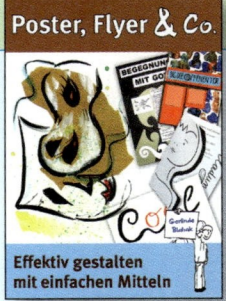

Poster, Flyer & Co.

Effektiv gestalten mit
einfachen Mitteln

Kl. 5–10, 69 S., A4, Papphefter
(mit vierf. Abb.)
ISBN 978-3-8346-0078-3
Best.-Nr. 60078
19,– € (D)/19,50 € (A)/33,30 CHF

Was Weltreligionen zu ethischen Grundfragen sagen

Antworten von Christen, Juden und Muslimen

13–17 J., 189 S., A4, Paperback
ISBN 978-3-8346-0080-6
Best.-Nr. 60080
22,– € (D)/22,60 € (A)/38,50 CHF

Was Weltreligionen zu Alltagsthemen sagen

Aktuelle Probleme aus der Sicht von Christen, Juden und Muslimen

13–17 J., 188 S., A4, Paperback
ISBN 978-3-8607-2989-2
Best.-Nr. 2989
22,– € (D)/22,60 € (A)/38,50 CHF

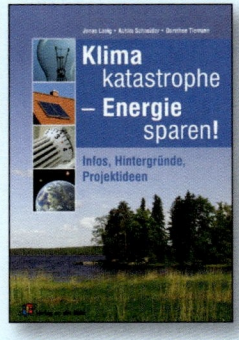

Klimakatastrophe – Energie sparen!

Infos, Hintergründe, Projektideen

Kl. 5–10, 120 S., A4, Paperback
ISBN 978-3-8346-0292-3
Best.-Nr. 60292
19,50 € (D)/20,– € (A)/34,20 CHF

Karten, Menschen, Märkte

Simulationsspiele für Geografie und Gemeinschaftskunde

Kl. 5–7, 94 S., A4, Papphefter
ISBN 978-3-8346-0213-8
Best.-Nr. 60213
21,– € (D)/21,60 € (A)/36,80 CHF

Das seh ich aber ganz anders!

Geschichten aus zwei Perspektiven: Den eigenen Urteilen auf die Schliche kommen

Kl. 7–10, 100 S., A4, Paperback
ISBN 978-3-8346-0164-3
Best.-Nr. 60164
19,– € (D)/19,50 € (A)/33,30 CHF

Doch da – was ist das?

Spaß- und Nonsensstücke für spontane Theateraufführungen

ab 13 J., 136 S., 16 x 23 cm, Paperback
ISBN 978-3-8346-0174-2
Best.-Nr. 60174
13,80 € (D)/14,20 € (A)/24,20 CHF

Historische Entwicklungen verstehen

Deutschland zwischen Revolution und Restauration (1800-1870/71)

Kl. 7–10, 62 S., A4, Papphefter
ISBN 978-3-8346-0160-5
Best.-Nr. 60160
18,– € (D)/18,50 € (A)/31,50 CHF

Wie war es damals wirklich?

Umstrittenes und Kriminalfälle aus der Weltgeschichte

Kl. 5–7, 69 S., A4, Papphefter
ISBN 978-3-8346-0084-4
Best.-Nr. 60084
18,50 € (D)/19,15 € (A)/32,40 CHF

Arbeitsblätter Grundwissen Hauswirtschaft

Kl. 5–7, 104 S., A4, Paperback
ISBN 978-3-8346-0235-0
Best.-Nr. 60235
19,50 € (D)/20,– € (A)/34,20 CHF

Berufswahl: Das will ich – das kann ich – das mach ich

Lebensplanung spielerisch ausprobieren

12–21 J., 158 S., A4, Paperback
ISBN 978-3-8346-0026-4
Best.-Nr. 60026
20,– € (D)/20,50 € (A)/35,– CHF

Mehrheit, Macht, Geschichte

Interkulturelles Geschichtslernen: Interviews, Übungen, Projektideen

14–19 J., 216 S., A4, Paperback, zweifarbig + DVD
ISBN 978-3-8346-0281-7
Best.-Nr. 60281
29,80 € (D)/30,65 € (A)/52,20 CHF

Mehrheit, Macht, Geschichte

Das Lesebuch

14–19 J., 72 S., A5, Paperback, vierfarbig
ISBN 978-3-8346-0282-4
Best.-Nr. 60282
11,– € (D)/11,30 € (A)/19,80 CHF